Komplexitätsbewältigung in Betrieben der Sozialwirtschaft

Thomas Behr

Komplexitätsbewältigung in Betrieben der Sozialwirtschaft

Anforderungen an ein erfolgreiches Management

Thomas Behr
Hadamar
Deutschland

ISBN 978-3-658-05669-8   ISBN 978-3-658-05670-4 (eBook)
DOI 10.1007/978-3-658-05670-4

Die Deutsche Nationalbibliothek verzeichnet diese Publikation in der Deutschen Natio-
nalbibliografie; detaillierte bibliografische Daten sind im Internet über http://dnb.d-nb.de
abrufbar.

Springer Gabler
© Springer Fachmedien Wiesbaden 2014

Springer Gabler ist eine Marke von Springer DE. Springer DE ist Teil der Fachverlagsgruppe
Springer Science+Business Media
www.springer-gabler.de

*Dank an Frau Sabrina Reinhart bei der
technischen Bearbeitung des Manuskriptes*

Zur Einstimmung: „Es ist wirklich gefährlich, und steigende Gefährlichkeit liefert ein präzises Kriterium für Fortgeschrittenheit von Verhältnissen. Den einfachen Progressisten sind solche Wendungen nicht so leicht zu erklären. Sie wollten den Fortschritt, und was sie bekommen haben, ist die Komplexität. Mit dem Begriff Komplexität verbindet sich der Hinweis, dass überhaupt nichts mehr einfach ist. Unter dem Begriff Dichte lassen sich solche Effekte fassen: Zahllose Partikel, zahllose Institutionen, zahllose Unternehmen, zahllose einzelne rücken immer intensiver aufeinander zu, und das in immer höheren Frequenzen. Die Zahl ihrer Kontakte oder Kollisionen steigt exponentiell. Kürzlich habe ich irgendwo gelesen, dass 10 Mio. E-Mails pro Minute auf der Welt ausgetauscht werden, davon der größte Teil in der industrialisierten Zone. Daneben wirken 10 Mio. Verkehrsunfälle und eben so viele Privatklagen vor Gericht pro Jahr beschaulich."

„Die Komplexität bedeutet, dass das Bedürfnis Simulation von Einfachheit steigt. Souverän ist, wer komplizierte Verhältnisse einfach machen kann. Darum ist Souveränität das höchste Gut, nach dem moderne Individuen fragen. Wie man weiß, besteht die beliebteste Simplifikationstechnik darin, Probleme zu ignorieren. Ignorieren heißt ungelöste Angelegenheiten als gelöst ansehen – das macht Ignoranz als praktisches Äquivalent für Überlegenheit unwiderstehlich. Allgemein gesprochen besteht ein ungeheurer Bedarf an Komplexitätsbewältigungstechniken. Anbieter effektiver Simplifikationen steht heute der Markt aller Märkte offen. Natürlich hat auch das sehr viel mit Entlastung zu tun." (Sloterdijk 2013, S. 267)

Literaturverzeichnis

Sloterdijk, P. (2013). *Ausgewählte Übertreibungen. Gespräche und Interviews Suhrkamp*. Berlin: Suhrkamp Verlag.

Vorwort

In den sozialen Einrichtungen haben sich in den vergangenen 20 Jahren seltsame Dinge entwickelt. Wo einstmals Erzieherinnen mit beruflicher Erfahrung Kindergartenkinder beobachtet und gefördert haben, wird heutzutage berufliches Handeln durch strukturierte Beobachtungsassessment (mit)bestimmt. Wo einstmals mit entsprechenden Freiräumen gepflegt wurde, wird heute viel Zeit damit verbracht, Pflege zu dokumentieren. In vielen Feldern des Sozialwesens wurde in ähnlicher Weise erfahrungsbasiertes und kundenorientiertes Handeln durch ein immer ausdifferenziertes Management ergänzt, vielleicht auch ersetzt. Die Komplexität steigt. Damit ist das Kerngeschäft, also die Orientierung an den Nutzerinnen, Nutzern, Klientinnen, Klienten oder an den zu Pflegenden bedroht. Es muss daher die Frage gestellt werden, ob all dies, was als Errungenschaften moderner (Qualitäts-)Managementsysteme gelobt wird, noch hilfreich für die Profession ist. Konkreter gefragt: Sind Planungssysteme, Standards, Leitlinien, Diagnostika und Assessments, die inzwischen in allen Sozialbetrieben zum Alltag gehören, nicht Ausdruck einer sich immer schneller drehenden Deprofessionalisierungsspirale? Der Verdacht liegt nahe, denn im Sinne von professionstheoretischen Attributenmodellen sind Handlungsautonomie und Selbstkontrolle wesentliche Kennzeichen für professionelles Handeln. Wenn nun aber Handeln wesentlich durch die Anwendung von eben diesen Leitlinien, Standards und Managementsystemen bestimmt wird, dann sind Autonomie und Kontrollierbarkeit bedroht: Dinge werden getan, weil sie nun mal getan werden müssen und nicht mehr, weil sie der Sache dienlich sind. Das ist für die Sache schlecht, aber auch für die Menschen, denn die für den Berufseinstieg so bedeutsame Orientierung des Handelns am Menschen („den Menschen helfen wollen") geht damit zunehmend verloren. Es wird dokumentiert statt gepflegt, es wird verwaltet statt betreut, es wird gemanagt statt umsorgt. So entsteht ein kritisches Verhältnis zwischen Anspruch und Wirklichkeit, zwischen walten und verwaltet werden, zwischen Handeln und Verhandeln.

Dieses Spannungsfeld ist Chance und Bedrohung zugleich: Bedrohung, weil sich diese manageriale Überfrachtung verselbstständigen kann und damit kreative Freiräume und Befreiung verhindert; Chance, weil in diesem Spannungsfeld eine Rückbesinnung auf das berufliche Selbstverständnis und die Organisationsziele ermöglicht wird.

Unter den Vorzeichen wachsender gesetzlicher, organisatorischer und ökonomischer Anforderungen lassen sich daher folgende Forderung für die Praxis ableiten: Findet zur berufliche Selbstbestimmung zurück, befreit Euch von einengender Komplexität, schafft Freiräume für die Rückbesinnung auf das Kerngeschäft.

Mit dem vorliegenden Buch ist eine ganz wichtige Grundlage geschaffen worden, um diese Desiderate umzusetzen. Das Buch fördert die notwendige Reflektion, indem zunächst Ursachen, Wirkungen und Wechselwirkungen dieses Spannungsfeldes beleuchtet werden. Sodann werden Wege aufgezeigt, wie es gelingen kann, Komplexität zu vermeiden, zu reduzieren und zu bewältigen. Diese umzusetzen erscheint dringend erforderlich, damit der Kern der beruflichen Selbstbestimmung und das Professionelle sichtbar bleiben.

München, im März 2014   Prof. Dr. phil. Dipl.-Psych. Bernd Reuschenbach
                                              Katholische Stiftungsfachhochschule München

Einleitung

Altenheime und Krankenhäuser im Geflecht der sich ausweitenden Komplexität und die Konsequenz für die Anforderungen an ein erfolgreiches Management. Beginnen wir mit einem Zitat des deutschen Philosophen Friedrich Nietzsche:

> Es hat große Vorteile, seiner Zeit sich einmal in stärkerem Maße zu entfremden und gleichsam von ihrem Ufer zurück in den Ozean der vergangenen Weltbetrachtungen getrieben zu werden. Von dort aus nach der Küste zu blickend, überschaut man wohl zum ersten Male ihre gesamte Gestaltung und hat, wenn man sich ihr wieder nähert, den Vorteil, sie besser im Ganzen zu verstehen als die, welche sie nie verlassen haben. (Nietzsche 1978)

Dies genau ist der Ansatz der Betrachtung, die den Inhalt dieses Buches ausmacht: als Beteiligter, d. h. als Betriebsleiter großer Pflegeeinrichtungen und somit als vielfältig Betroffener aus dem Kreise heraus zu treten und von außen mit größerer Klarheit das problematisch Bewegende zu beschreiben, zu verstehen und zu erkennen. Dies aber zumindest im Versuch der kritischen Distanzierung in der phänomenologisch geprägten Weise, wie sie Sloterdijk beschreibt „Bedeutet Leben immer schon mitmachen, so heißt phänomenologisch denken: das Nicht – Mitmachen üben – nota bene nicht das Nicht – Mitmachen bei den äußeren Betriebsamkeiten, (. . .) sondern beim eigenen stellungnehmenden Leben – kurzum: das Nicht-Mitmachen mit sich selbst." (Sloterdijke 2009, S. 39) Warum ereignet sich in den Betrieben und Organisationen der Sozialwirtschaft in einer fast unabwendbaren Logik und Gewissheit im Gesamten etwas, was die meisten der Beteiligten im System der Sozialwirtschaft als Einzelne beklagen und als hinderlich ansehen, ja woran auch so viele Einzelne leiden und was eigentlich so keiner will?

Für Leitungskräfte in Betrieben der Sozialwirtschaft, hier speziell in Altenheimen, sind in der heutigen Zeit Tage nicht selten, an denen viele einer Klärung bedürftige Dinge in einem Moment zusammenkommen, die man sich besser nicht auf einen Tag und auf wenige Stunden zusammengedrängt als lösungsnotwendige Tatsachen gegenübergestellt sieht. Meist haben diese Anforderungen mit dem Kerngeschäft der Pflege und Betreuung nur indirekt zu tun, weil sie die Funktion der Gesamteinrichtung „Pflegeheim" oder Krankenhaus oder einer anderen Sozialeinrichtung betreffen.

Häufig stellt sich für eine Leitungskraft schon hier die Frage: Überschaue ich die Anforderungen noch, was ist wichtig und was kann zurück gestellt werden. Ein „Anforderungs- Dschungel" tut sich auf, den Leitungskräfte in besonderer Weise für den Gesamtbetrieb wahrnehmen, der jedoch auch für alle Mitarbeiter auf allen Ebenen direkt zu spüren ist.

Zunehmend sind es Anforderungen, die Bereiche der Sozialbetriebe, wie etwa der betrieblichen Sicherheit, der Arbeitsschutz, Anforderungen des TÜV für Geräte und z. B. Fahrstühle, Anforderungen an die Sicherheit von Pflegemitteln, Brandschutz und Hygieneanforderungen, das Qualitätsmanagement, um hier nur einige anzuführen, die nicht nur den Bereich der Pflege selbst betreffen.

Insgesamt unterliegen z. B. die Betriebe in der Altenhilfe als Sozialeinrichtungen nicht nur dem Heimgesetz, den Bestimmungen des SGB XI und dem Pflegequalitätssicherungsgesetz, es sind über 900 Verordnungen und gesetzliche Bestimmungen, die zum Betrieb einer Einrichtung verpflichtend eingehalten und umgesetzt werden müssen und die zudem immer härter kontrolliert und bei Nichteinhaltung immer strenger sanktioniert werden.

Es ist ein für alle direkt Beteiligten in den Betrieben der Altenhilfe spürbares Faktum: die Komplexität, d. h. die Verdichtung, die Menge und die Vielfalt der Anforderungen nimmt in immer höherem Tempo immer mehr zu.

In der Folge ist für die Betriebe in der Altenhilfe die Entwendung von Pflege und Betreuungszeit am alten Menschen als Kunden in der Altenpflege durch zunehmende und unregulierte Komplexität zu konstatieren.

Das Kerngeschäft wird nicht mehr mit dem Hauptkontingent der verfügbaren Zeit bedient, und wie es sein sollte werden die das Kerngeschäft umgebenden Anforderungen in angemessenem Zeitaufwand und in angemessener Gewichtung bearbeitet. Vielmehr ist es so, dass die das Kerngeschäft umgebenden Bereiche eine höhere Priorität in ihren Ansprüchen entwickeln als das Primärgeschäft. Was heißt das konkret?

Betriebe in der Altenhilfe, und dies heißt konkret die hier arbeitenden Menschen, müssen mehr Zeit für die Erfüllung und Abarbeitung gesetzlicher Auflagen und Anforderungen verwenden, die mit der direkten Pflege nichts oder nur sehr wenig zu tun haben, als dass sie Zeit für die Betreuung und Pflege der Alten aufbringen können.

Der Hauptauftrag der praktischen Pflege und Betreuung alter und pflegebedürftiger Menschen in stationären Pflegeeinrichtungen leidet so zunehmend unter der Dominanz der sich ausdifferenzierenden Subsysteme und ihrer Geltungsansprüche, was einmal zu einer Zunahme der Komplexität führt und in besonderem Maße zur Erosion der identitätsstiftenden Sinnstrukturen in der Pflege und der dort arbeitenden Mitarbeiter beiträgt.

Zu fragen ist entscheidend, woher die Subsysteme ihre Bedeutung, Kraft und Dynamik nehmen können, mit der sie sich bestimmend und übermächtig in die eigentlichen Hauptaufgaben der Altenpflege hinein drängen und warum das originäre System der Pflege so wenig Widerstandskraft gegen die Übermacht der Subsysteme entwickelt.

Es wird zu klären sein, ob dies nicht genau daran liegt, das sich auch der originäre Bereich der Pflege in hohem Maße ausdifferenziert, spezialisiert, verwissenschaftlicht, für die konkret in der Pflege arbeitenden Menschen nicht mehr verstehbar ist, sich nicht mehr sinngebend darstellen kann und so insgesamt an sinnbegründender Kontur und an bestimmender Kraft verliert.

Dabei wird das Geflecht der Anforderungen und ihre gegenseitige Abhängigkeit zunehmend größer und ihre Differenziertheit ausgeprägter. Es entsteht ein Maß an Komplexität, das kontraproduktive Wirkung und entgegengesetzte Effekte hat.

Wichtig ist an dieser Stelle zu sagen, dass das allerorten propagierte Problem der Zunahme an Bürokratie und die damit verbundene Forderung der „Entbürokratisierung" falsch und zu kurz gedacht ist. Mit der Problematisierung des „Bürokratismus" in der Sozialwirtschaft wird lediglich eine Auswirkung der zunehmenden Komplexität benannt. Es geht also um mehr und anderes. Es geht um die Zunahme der Komplexität als Problem und den Folgen und Wirkungen in der Form u. a. der Bürokratisierung.

Erstaunlich ist es in der Praxis, dass kaum einer der Beteiligten in diesem Prozess diese Effekte am Ende des jeweils individuellen Handelns wirklich will, aber auch nur selten Ansätze von Verständnis für die Begründungssystematik der Prozesse zu sehen sind, die zu dieser Situation führen und somit auch von den Beteiligten keine Versuche einer wirklich wirksamen Korrektur erfolgen, sondern alle gewollt oder ungewollt an der Fortentwicklung der misslichen Umständen treibend weiter mitwirken.

Dabei erleben wir eine zunehmende Dynamik in einem Prozess, der sich über einen historisch sehr langen Zeitraum aufgebaut hat und schon zwischenzeitlich fast nicht mehr zu verstehen war. Schon Adam Smith (vgl. Smith 2009) weist in seinem Standardwerk „über den Wohlstand der Nationen" auf die Bedeutung und Folgen der fortschreitenden Arbeitsteilung hin, neuerdings auch Kocka (vgl. Kocka 2013) und Nietzsche konnte schon auf die nicht mehr sprachlich zu erfassende Komplexität menschlicher Handlungen hinweisen, wie es Safranski beschreibt (vgl. Safranski; Nietzsche 2013).

Mittlerweile ist Komplexität das Problemfeld moderner Gesellschaften geworden, deren Beherrschbarkeit weitestgehend und zunehmend fraglich wird.

Die Bedeutung dieser Arbeit entsteht entscheidend vor dem Hintergrund einer der wichtigsten Managementaufgaben von Leitungskräften in den Betrieben der Sozialwirtschaft: Komplexität zu reduzieren! Nur wenn es dem Management gelingt, Komplexität zu reduzieren und in einer größtmöglichen Vereinfachung alle betrieblichen Prozesse zielführend zu organisieren, ist der betriebliche Erfolg wahrscheinlich, weil sich die Pflegenden auf den Kernprozess der praktischen Pflege und Betreuung konzentrieren können und nicht mit der aufwendigen Verwaltung von Pflegeprozessen beschäftigt sind.

Damit das Management (in der Arbeit wird der Begriff Management ohne Unterscheidung zwischen Führung und Lenkung als Oberbegriff verwendet) dies leisten kann, muss es die Gründe der Entstehung von Komplexität erkennen und verstehen können. Es muss ein Komplexitätswissen vorhanden sein (vgl. Reuschenberg 2008, S. 37). Nur dann kann man sie handelnd vermeiden und Komplexität beherrschen.

Im Gang der Darstellung folgt die Arbeit folgendem Ablauf

- Die theoretische Referenzfläche wird dargestellt
- Das Problem wird verdichtet beschrieben
- Drei Vermutungen zur Entstehung werden formuliert
- Schlussfolgerungen gezogen
- Lösungswege werden aufgezeigt
- Ein Fazit wird gezogen

Literaturverzeichnis

Kocka, J. (2013). *Geschichte des Kapitalismus.* München: Beck.

Nietzsche, F. (1978). *Menschliches, Allzumenschliches.* Stuttgart: Kröner Verlag.

Reuschenberg, B. (2008). *Einfluss von Expertise auf Problemlösen und Planen im komplexen Handlungsfeld Pflege.* Berlin: Logo Verlag.

Safranski, R., & Nietzsche, F. (2013). *Eine Biographie.* Frankfurt a. M.: Fischer Verlag.

Sloterdijk, P. (2009). Scheintod im Denken. Von Philosophie und Wissenschaft als Übung. Edition unseld.

Smith, A. (2009). *Wohlstand der Nationen.* Köln: Anaconda.

Inhaltsverzeichnis

Der Autor

Dr. phil. Thomas Behr Diplom-Pädagoge, examinierter Altenpfleger, psychotherapeutische Zusatzqualifikation, Vorstand, Geschäftsführer und Heimleiter in der Altenhilfe; Buchveröffentlichungen u. a. im Vincentz Network mit „Stress erkannt – mir geht's gut", „Fit, wenns um demente Bewohner geht", „Personalführung und Personalentwicklung", „Fit, wenns um Qualitätsmanagement geht"; belletristische Veröffentlichung im R.G. Fischer Verlag „Des Alters letzte Zeit"; Veröffentlichungen zum Thema „Gesundheitsförderung"; Lehraufträge an Fachhochschulen und Akademien; Organisationsberater im Sozialwesen.

Abkürzungsverzeichnis

§	Paragraph
§§	Paragraphen
Abs.	Absatz
ArbSchG	Arbeitsschutzgesetz
Aws	Abfallwirtschaft
BL	Bereichsleitung
BMFSFJ	Bundesministerium für Familie, Senioren, Frauen und Jugend
Bsp.	Beispiel
d. h.	das heißt
DIN	Deutsches Industrie Norm
etc.	et cetera
FSHG	Gesetz über Feuerschutz und Hilfeleistung
GF	Geschäftsführer
GSG	Gerätesicherheitsgesetz
HeimG	Heimgesetz
HL	Heimleitung
Kap.	Kapitel
i. B.	in Bezug
i. d.	in der
i. d. R.	in der Regel
ff.	folgende
MDK	Medizinischer Dienst der Krankenversicherung
MPG	Medizinproduktegesetz
MRSA	Methicillin- resistenter Staphylococcus aureus
ÖGDG	Gesetz über den öffentlichen Gesundheitsdienst
PflegeWoqG	Pflege- und Wohnqualitätsgesetz
PDL	Pflegedienstleitung

PNG	Pflegeneuausrichtungsgesetz
PQsG	Pflegequalitätssicherungsgesetz
PTVS	Aktualisierte Pflegetransparenzvereinbarungen
QB	Qualitätsbeauftragte
QM	Qualitätsmanagement
QMB	Qualitätsmanagementbeauftragte
S.	Seite
SGB XI	Sozialgesetzbuch Nr. 11
soz.	sozial
TÜV	Technischer Überwachungsverein
u. a.	unter anderem
usw.	und so weiter
v. a.	vor allem
VDE	Verband der Elektrotechnik Elektronik Informationstechnik e. V.
vgl.	vergleiche
z. B.	zum Beispiel

Der Zugang zum Problem

1

Zur Erhellung des Problems einer zunehmenden Komplexität in der stationären Altenhilfe als dem hier thematisierten Bereich der Sozialwirtschaft sollen methodisch unterschiedliche aber durchaus miteinander zu vereinbarende Ansätze verwendet werden.

Entscheidend ist das Ziel, das definierte Problem der zunehmenden Komplexität im System der Altenhilfe zu verstehen, zu erklären und entsprechende Lösungswege aufzeigen zu können. Insofern ist der Grundansatz der Arbeit als phänomenologisch – hermeneutisch begründet zu verstehen. Dies bedeutet, aus der eigenen erfahrbaren Lebens- und Arbeitswelt über die möglichst genaue Beschreibung des Problems zu Vermutungen zu kommen, die über eine entsprechende Erklärung begründet werden und zu Schlussfolgerungen führen. Die ethnographischen Betrachtungen von Clifford Geertz sind hier der Ansatz mit den „dichten Beschreibungen".

Dicht meint hier, sehr genau in der Beschreibung an das Arbeitsfeld der Beteiligten heranzukommen und ihre Arbeitsaufwendungen zu beschreiben.

Im Mittelpunkt steht die kulturhistorische Fragestellung von Norbert Elias, die in einer großen Vereinfachung gesagt die Frage stellt, warum sich in der Geschichte Dinge ereignen, die nie jemand gewollt hat. Warum sind die Dinge so, wie sie sind? Warum also diese Komplexität?

Eine Vertiefung und Ergänzung der Frage von Elias wird durch die psychoanalytischen Ansätze von Karen Horney eingeführt. Zur Erklärung wird die Systemtheorie mit Niklas Luhmann herangezogen, die die Komplexität aus der zunehmenden Ausdifferenzierung sozialer Systeme erklärt und die Bedeutung des Sinns als System stabilisierendem Element betont.

T. Behr, *Komplexitätsbewältigung in Betrieben der Sozialwirtschaft*,
DOI 10.1007/978-3-658-05670-4_1, © Springer Fachmedien Wiesbaden 2014

1.1 Situationsbeschreibungen: Dichte Beschreibungen und Vermutungen zum Problem

Die zunehmende und sinnerodierende Komplexität in der stationären Altenhilfe soll an praktischen und einfach verstehbaren Beispielen beschrieben werden. Dichte Beschreibungen sollen hierzu als Mittel im phänomenologisch – hermeneutischen Verfahren eingesetzt werden.

Dies geschieht, weil davon ausgegangen wird, dass nur der direkte praktische Bezug in seiner konkreten Beschreibung zu einem wirklichen Verstehen der Problematik beitragen kann.

In der Phänomenologie geht es um das Verstehen der Lebenswelt der Menschen durch ganzheitliche Interpretation dessen, was man als Betrachter selbst erfährt. Der Phänomenologe nimmt den Ausgang seiner Untersuchung und Betrachtung in seiner ihm erfahrbaren Lebenswelt wahr. Man kann darum sagen, dass phänomenologische Forschung immer an der eigenen Lebenserfahrung ansetzt. Die Hermeneutik ist dabei die Methode des Beschreibens eben dieser Lebenssituationen (Seiffert 1983, S. 57 ff.).

Die Hermeneutik als beschreibende Wissenschaft sucht das Verstehen des tatsächlich Gegebenen durch eine genaue und nicht wertende Beschreibung des Sichtbaren und Gegebenen zu erreichen. Ein Verstehen aus der Lebenswelt heraus, die durch den Versuch des sich hinein Versetzens in Situationen, Menschen oder Kunstwerke möglich wird. Im hermeneutischen Zirkel als methodischem Mittel wird durch die Beschreibung, die Auslegung und Deutung und die Frage, ob das Beschriebene durch die Deutung erfasst wurde eine Annäherung an das wirkliche Gegebene versucht (vgl. Lessing und Dilthey 2001).

Besonders legen wir hier den Ansatz der „dichten Beschreibungen" von Clifford Geertz zu Grunde, der die dichte Beschreibung für das Verstehen von Kulturen in die Ethnographie eingeführt hat und der das Arbeiten mit Vermutungen über das Beschriebene als legitimes Deutungsmittel erklärt (Geertz 1987, S. 20–21).

Die für uns hier relevante Lebenswelt ist die der Altenpflegeheime in der stationären Pflege. Hier setzt die Beschreibung an.

In einem ersten Schritt soll die für Leitungskräfte in stationären Pflegeeinrichtungen alltägliche Situation in ihren zentralen Leistungsprozessen beschreibend dargestellt werden, um zu verdeutlichen, welche Verdichtung der Prozesse es praktisch gibt, wie jeder Prozess im einzelnen vielen Durchführungsanforderungen unterliegt und wie letztlich die Mitarbeiter sich in dieser Situation befinden und diese Verdichtung erleben.

1.2 Das menschliche Durcheinander. Über Entwicklungsprozesse und Norbert Elias

Die zentrale Fragestellung dieser Arbeit ist durch und mit Norbert Elias begründet. In seinem zweibändigen Werk „Über den Prozess der Zivilisation" geht Elias von der zentralen Frage aus: „Wie kommt es überhaupt in dieser Menschenwelt zu Gestaltungen, die kein einzelner Mensch beabsichtigt hat und die dennoch alles andere sind als Wolkengebilde ohne Festigkeit, ohne Aufbau und Struktur?" (Elias 1979, S. 313) Warum ereignen sich im Prozess der Zivilisation die Dinge, wie sie sich ereignen? Elias weist in einer großen Untersuchung über den Prozess der Zivilisation nach, dass sich dies alles nicht so zufällig und ungeplant ereignet wie es scheint, sondern dass all diesem Geschehen eine eigentümliche Systematik zugrunde liegt.

Das Ineinanderwirken menschlichen Denkens und Handelns bewirkt Bewegungen, die dem einzelnen Wollen für das Gesamte durchaus nicht entsprechen, insgesamt durch das Ineinanderwirken aber zu möglicherweise fatalen Ergebnissen führen, die kein Einzelner je gewollt hat. Zitieren wir hier den zentralen Ansatz von Elias:

„Diese fundamentale Verflechtung der einzelnen menschlichen Pläne und Handlungen kann Wandlungen und Gestaltungen herbeiführen, die kein einzelner Mensch geplant und geschaffen hat. Aus ihr, aus der Interdependenz der Menschen, ergibt sich eine Ordnung von ganz spezifischer Art, eine Ordnung, die zwingender und stärker ist, als Wille und Vernunft der einzelnen Menschen, die sie bilden." (Elias 1979, S. 314) Es ist also die Interdependenz der Menschen, die auf eigentümliche Weise Ordnungen schafft, die etwas anderes bewirken als der Wille der Menschen.

Wir werden diesen Gedanken, diese zentrale Frage und Feststellung, unten aufnehmen und auf die Betriebe der Sozialwirtschaft und ihr Problem der zunehmenden Komplexität beziehen

1.3 Antriebskräfte. Der Faktor Mensch. Psychoanalytische Ergänzung. Karen Horney

Die Psychoanalytikerin Karen Horney (vgl. Horney 1978, S. 156 ff.) hat sich in ihren Arbeiten im Wesentlichen auch den eher krankhaften Antriebsmomenten menschlichen Handelns zugewandt, also u. a. mit den neurotischen Störungen, die menschliches Handeln leiten und antreiben. Dieser Aspekt soll in dieser Arbeit eingeführt werden, um eine entscheidende Lücke im Erklärungsmuster von N. Elias zu füllen, denn dieser hat die Frage nach den Antriebsmomenten menschlichen Handelns nicht beantwortet. Hier soll in der Beantwortung der Frage nach den Gründen der zunehmenden Komplexität das neurotische Antriebsmoment bei den handelnden Menschen, sprich den Verantwortlichen in den Geschäftsführungen und Heimleitungen, in besonderer Weise bedacht werden. Dass dies durchaus zulässig ist, macht die Untersuchung von Kets De Vries und Miller deutlich, die die Auswirkungen von neurotischen Störungen von Managern auf die Unternehmenskulturen untersuchten vgl. de Vries 1995. Dass dieser Aspekt zunehmend an Bedeutung gewinnt, macht u. a. ein Artikel in der Süddeutschen Zeitung vom 9./10.Februar 2013 deutlich, in dem unter dem Titel „Der ganz normale Wahnsinn" thematisiert wird, dass womöglich in den Chefetagen von Politik und Wirtschaft mehr Psychopathen arbeiten, als allgemein angenommen wird. (Weber 2013, S. 20)

1.4   Menschen im System. Systemtheorie und Niklas Luhmann

Wird in einem ersten Schritt das Problem der zunehmenden Komplexität verdichtet beschrieben, in einem zweiten Schritt mit N. Elias die zentrale Frage des „Warum" gestellt und dann mit Karen Horney der Faktor Mensch betrachtet, soll in einem vierten Schritt mit den Elementen der Systemtheorie Niklas Luhmanns eine Erklärung der zunehmenden Komplexität in den Betrieben der Sozialwirtschaft versucht werden. Es werden die zentralen Begriffe der Komplexität, der funktionalen Differenzierung, der Selbstreferenz und der Autopoesie sozialer Systeme eingeführt und auf das Problem hin bezogen. Der Sinnbegriff wird als leitende Ordnungsform sozialer Systeme betrachtet. Bedeutsam ist, dass mit Luhmann Sinn als Ordnungsform sozialer Systeme eine System bezogene Ein – und Ausgrenzungsfunktion hat.

Mit den Ansätzen des Systemtheorie soll das Problem der zunehmenden Komplexität in den Betrieben der Sozialwirtschaft erklärt und begründet werden und letztlich auf mögliche Lösungen einer Reduktion von Komplexität hingeführt werden.

Keine Komplexität
z. B. – ein Gesetz
– ein Verfahren

Einfache Anforderung an das Management

Hohe Komplexität
z. B. – viele Gesetz
– viele Verfahren

Hohe Anforderung an das Management

Literatur

de Vries, K.; Miller (1995). In C. Weber (9./10. Februar 2013). Der ganz normale Wahnsinn. Süddeutsche Zeitung, 34.

Elias, N. (1979). *Über den Prozess der Zivilisation. Soziogenetische und psychogenetische Untersuchungen* (Bd. 2). Berlin: Suhrkamp.

Geertz, C. (1987). Dichte Beschreibungen. Bemerkungen zu einer deutenden Theorie von Kultur. In C. Geertz (Hrsg.), *Dichte Beschreibungen. Bemerkungen zum verstehen kultureller Systeme*. Frankfurt a. M.: Suhrkamp.

Horney, K. (1978). Horneys Theorie der neurotischen Konflikte In C. Hall & L. Gardner (Hrsg.) Theorien der Persönlichkeit (Bd. 1) München, Beck.

Lessing, H. U., & Dilthey, W. (2001). *Einleitung in die Geisteswissenschaft*. Darmstadt: Wissenschaftliche Buchgesellschaft.

Seiffert, H. (1983). *Einführung in die Wissenschaftstheorie* (Bd. 2). München: Beck.

Weber, C. (9./10. Februar 2013). Der ganz normale Wahnsinn. *Süddeutsche Zeitung, 34.*

Die zunehmende Komplexität als Problem der stationären Altenhilfe

▶ Erfolg hat nur der, dem aus der Komplexität der Dinge und den Anforderungen im Handeln die größtmögliche Vereinfachung gelingt. „Der Ball muss ins Tor"

2.1 Dichte Beschreibungen

Dem Ansatz der dichten Beschreibungen folgend beschreiben wir im Folgenden einen Ausschnitt der Arbeitswirklichkeit einer Betriebsleitung und einer Pflegedienstleitung eines beliebigen aber typischen Pflegeheimes.

In der dichten Beschreibung nähert sich der Beobachter der Situation der Akteure im Handlungsfeld Altenheim und wählt für seine Beobachtung einen typischen Ausschnitt des Arbeitsplatzes. Dieser Ausschnitt ist der Schreibtisch. Auf ihm findet sich in materieller Form in aller Regel, was die konkrete Arbeit ausmacht und bestimmt.

2.1.1 Die Betriebsleitung

Eine Situation, ein Fallbeispiel einer Betriebsleitung: ein ganz normaler Arbeitstag. Der Betriebsleiter B. ist seit 8:00 Uhr im Büro und die alltägliche Arbeit hat ihn bereits eingefangen. Ganz normale Fragen des Betriebsgeschehens zunächst. Neuaufnahmen von Bewohnern, verstorbene Bewohner. Personelle Angelegenheiten, Fragen der Rechnungsstellung, der Bezahlung von Rechnungen, Planung und Vorbereitung von Sitzungen und Fortbildungen. Gespräche mit den Leitungskräften, Telefonate, Post und E-Mail-Kontakte.

T. Behr, *Komplexitätsbewältigung in Betrieben der Sozialwirtschaft*,
DOI 10.1007/978-3-658-05670-4_2, © Springer Fachmedien Wiesbaden 2014

Dies alles ist normales Tagesgeschäft, das sich für jede Betriebsleitung in der Altenhilfe im operativen Geschäft so ergibt und nicht zu beklagen ist. Das Kerngeschäft der Pflege und Betreuung sowie die Unterstützungsprozesse in den Bereichen Verwaltung, Soziale Dienste, Hauswirtschaft, Verpflegung und Haustechnik muss organisiert, geplant, abgestimmt und kontrolliert werden. Das erfordert viele Gespräche mit den Verantwortlichen der einzelnen Betriebsbereiche. Auch das ist normales Tagesgeschäft.

Es kommt aber mehr hinzu. Erlauben wir uns ein Blick auf den Schreibtisch des Betriebsleiters und schauen uns die Vorgänge an, die dort zur Bearbeitung anliegen.

Ein Stapel von Protokollen der Teamgespräche liegt neben drei von der Zentrale angeforderten Beurteilungen zum Versicherungsschutz, zur Kostensituation im Bereich Hygiene, Reinigungsmaterial und zur Ausstattung mit Sitzwaagen. Die von der QB gelieferten Fehlersammellisten und Korrekturmaßnahmen liegen neben einem Bericht zum Benchmark-Vergleich. Der monatliche Controlling-Bericht, die Auswertungen zum Personalbericht und die Liste der offenen Debitoren Posten sind zu bearbeiten.

Die strategische Ausrichtung der Einrichtung muss entsprechend gesetzlicher Neuregelungen (Pflegeweiterentwicklungsgesetz) bedacht und geordnet werden. Was geht und was geht nicht? Die Betten müssen entsprechend der Medizinproduktebetreiberverordnung geprüft und repariert werden. Kostenklärungen sind hier gefragt. Ganz wichtig sind die Unterlagen zum Pflegeweiterentwicklungsgesetz, hier vor allen Dingen die neuen Überprüfungsrichtlinien des MDK nach dem Schulnotensystem. Der Betrieb muss hierauf schnellstens vorbereitet werden.

Nebenbei gibt es zahlreiche Gespräche mit Mitarbeitern, Anrufe von Ämtern. Bewohner und Angehörige stehen vor der Tür.

Bergeweise liegen zudem Unterlagen, Konzepte und aktuelle Texte auf dem Schreibtisch, die gelesen werden müssen, um als Leitungskraft fachlich „auf der Höhe" zu sein.

Die Situation auf dem Schreibtisch, so wie sich das alltägliche Geschehen im Pflegeheim abbildet und von einer Heimleitung humorvoll einmal als „Wanderdüne" bezeichnet wurde.

2.1.2 Die Pflegedienstleitung

Auf dem Schreibtisch der Pflegedienstleitung sind zentral die Dienstpläne platziert. Die Wohnbereichsleitungen haben diese zwar geschrieben, aber zur Kontrolle muss die PDL dies zentrale personelle Steuerungsinstrument durchsehen. Daneben liegen „Screening" Auswertungen zu den neuen Betreuungskräften für demenziell erkrankte Bewohner nach § 87b, Pflegevisitenprotokolle, Lieferantenbewertungen und Fehlersammellisten mit Korrekturmaßnahmen für das QM –System. Die neuen Überprüfungsrichtlinien des MDK liegen an zentraler Stelle auf dem Schreibtisch. Für die Pflegedienstleitung eine wichtige Aufgabe, hier die Mitarbeiter zu schulen und vorzubereiten, die Dokumentationen zu prüfen u. a.

Alltägliches kommt selbstverständlich hinzu und nimmt einen großen Platz ein: Protokolle müssen geschrieben bzw. gelesen werden und entsprechende Maßnahmen und Kontrollen eingeleitet werden. Statistische Erhebungen über Ausfallzeiten der Mitarbeiter, den Anteil der demenziell erkrankten Bewohner, den Anteil der Bewohner mit Dekubitus, künstlicher Ernährung u. a.

Neben diesen eher alltäglichen Dingen gibt es aber auch grundsätzliche Vorgänge, die von hoher Bedeutung sind und einen großen Organisationsaufwand erfordern, so etwa die neuen Expertenstandards, die zusammen mit den Umsetzungsmaßgaben des QM-Systems auf dem Schreibtisch liegen und darauf warten, gelesen und umgesetzt zu werden. Zeit zum lesen bleibt wenig und dann immer nur in den Abendstunden. So geht im Büro der Pflegedienstleitung häufig erst nach 20:00 Uhr das Licht aus.

▶ Die an Arbeitsabläufen und der Gestaltung von Prozessen Beteiligten sehen das Problem der Komplexität meist nicht. Sie leiden daran. Zu sehen ist es in aller Regel am ehesten durch einen Betrachter von außen.

2.1.3 Die Zeichen von Komplexität in der Pflege

Die oben beschriebenen Beispiele einer Betriebsleitung und einer Pflegedienstleitung verdeutlichen, wie viele unterschiedliche Aufgaben in diesen Funktionen bearbeitet werden müssen. Es wird auch deutlich, dass dies zum einen in großer Zahl Aufgaben des operativen Tagesgeschäftes sind, die zur Erfüllung des Leistungsauftrags einer Pflegeeinrichtung notwendig sind. Diese operativen Anteile gibt es für alle Leistungsbereiche, die von der Heimleitung bzw. der Pflegedienstleitung im Tagesgeschäft sowohl zu planen als auch zu kontrollieren sind. Für die Heimleitung geht es dabei um sämtliche Teilbereiche der Einrichtung, also die Verwaltung, den Sozialen Dienst, den Kernbereich der Pflege und Betreuung, den Küchen – und Servicebereich sowie die Haustechnik. Für die Pflegedienstleitung geht es um den Bereich der Pflege und Betreuung sowie der Beteiligung auch um den Bereich der Küche und des Service.

Es wird aber auch klar, wie viele Aufgaben aus Bereichen hergeleitet sind, die sich aus neuen rechtlichen Bestimmungen und novellierten alten Verordnungen ergeben und sich in ihren Anforderungen aus diesen herleiten. Hier ist im Wesentlichen die Erarbeitung tragfähiger inhaltlicher Konzepte, Konzepte zur Qualifizierung und Entwicklung des Personals, Werbestrategien und alle Instrumente der betriebswirtschaftlichen Steuerung der Betriebe zu nennen. Nicht zu vergessen ist die hinreichende Vorbereitung auf Überprüfungen durch den MDK, die Heimaufsicht, sonstige externe Überprüfungen sowie interne Audits.

Wir können an dieser Stelle zunächst feststellen, dass wir in den Arbeitsbereichen von Pflegedienstleitungen und Heimleitungen eine signifikante Zunahme von Arbeiten haben, die sich aus funktionaler Ausdifferenzierung klassischer Arbeitsbereiche ergeben und eher im operativen Tagesgeschäft ihre Wirkung zeigen. Es gibt aber gerade auch über neue Gesetze, Bestimmungen und Verordnungen eine Zunahme von Verpflichtungen, für die Leitungskräfte die Verantwortung tragen und bei der ihre Arbeitszeit durch die Schritte 1) Lesen und Verstehen von Gesetzen und Kommentaren, 2) im Betrieb kommunizieren und ggf. fortbilden, 3) umsetzen lassen und 4) Umsetzung kontrollieren, stark gebunden wird.

Aus den Beschreibungen kann eine erste vorläufige Definition von Komplexität hergeleitet werden:

Im Zuge der funktionalen Ausdifferenzierung klassischer Bereiche des operativen Geschäftes und der funktionalen Ausdifferenzierung neuer gesetzlicher Anforderungen kommt es zu einer signifikanten Zunahme und Verdichtung von Arbeitsanforderungen, die in immer schmaleren Zeitkorridoren und extremer Tempobeschleunigung zu bearbeiten sind und in aller Regel hohe Problemgehalte aufweisen. Reuschenberg sieht als charakteristische Merkmale komplexer Problemlagen Vernetztheit, Dynamik, Intransparenz und Polytelie und definiert Komplexität wie folgt: „Hierbei handelt es sich um ein vielschichtiges Konstrukt, das schlecht von den anderen Aspekten abzugrenzen ist. „Komplexität" ergibt sich durch Konjunktion der anderen Bestimmungsstücke. Mit anderen Worten: Nicht die Polytelie allein und nicht die Dynamik allein machen ein Problem komplex, sondern die Kombination der vier Dimensionen." (Reuschenberg 2008, S. 35 f.)

Schon früh konnte der französische Philosoph Michel de Montaigne in seinen Essais darauf hinweisen, dass die Dinge des Lebens schwierig werden, weil die Menschen wie ein bunter Flickteppich zusammengesetzt sind, wo jedes Teil macht was es will (Montaigne 1983).

Wenn jedes Stück eines Ganzen sein eigenes Spiel treibt, dann wird es für das Insgesamt des Ganzen schwierig, weil es die Summe der Spiele der Vielen ist. Schon hier können wir sagen, dass Montaignes Gedanken im Groben die Situation von Pflegeeinrichtungen in der Altenhilfe als Teil der Sozialwirtschaft abbilden. Was aus dem Zitat auch deutlich wird: letztlich erwächst alle Komplexität aus dem Handel der Menschen, einzelner Menschen und ihrer sehr unterschiedlichen

Motive und Motivationen. Diese Unterschiedlichkeit der Verhalten und Handlungsantriebe der Menschen und der Organisationen und Interessenlagen, die sie vertreten, ist ein wesentliches Faktum, wenn es darum geht, das Entstehen von Komplexität zu verstehen.

Um zu verdeutlichen, was hier unter Komplexität im konkreten Inhalt verstanden wird und was sich für Heimleitungen und Pflegedienstleitungen spürbar im Alltag erfahren lässt, soll im Folgenden ein Überblick gegeben werden, über die gesetzlichen Auflagen und Bestimmungen, denen Betriebe in der Altenhilfe unterliegen.

In einer vom Bundesministerium für Familien, Senioren, Frauen und Jugend 2003 in Auftrag gegebenen Untersuchung kommt das Institut für Gerontologie der Universität Dortmund in der Projektleitung von Dr. E. Schnabel zu dem Ergebnis, dass alleine 980 relevante Rechtsvorschriften (Artikel, Absätze, Paragraphen und Untertitel) einen erheblichen Zuwachs an verbindlich zu erfüllenden Leistungen für Pflegeheime als Sozialeinrichtungen darstellen.

Schnabel stellt vor dem Hintergrund einer breiten empirischen Untersuchung (Wingenfeld; Schnabel 2002) fest, „...dass die derzeitige Situation in der stationären Pflege angespannt ist mit wenig Platz für eine qualitativ hochwertige Pflege." (Schnabel 2003) Weiter wird ausgeführt, dass vor diesem Hintergrund jede weitere Anforderung an die Pflegeeinrichtungen als eine hohe Belastung anzusehen ist. Schnabel weist darauf hin, dass die stationäre Altenpflege seit 1996 eine immer stärkere und umfangreichere Verrechtlichung erfahren habe. Wesentlich seien hier das Pflegequalitätssicherungsgesetz (PQsG 2001) und die Novellierung des Heimgesetzes (HeimG 2001) genannt (nachfolgend das Erweiterungsgesetz zur Pflegequalität, das Pflegeausrichtungsgesetz (PNG), die Transparenzkriterien, das Pflege-Wohnqualitätsgesetz (PfleWoqG) in Bayern, die die Träger stationärer Einrichtungen vor weitreichende Veränderungen hinsichtlich der Finanzierung, Buchhaltung sowie der Qualitätssicherung gestellt haben. Kurz: eine umfangreiche Verrechtlichung der Altenpflege mit umfassenden Folgen für den praktischen Betrieb der Einrichtungen mit immer umfangreicheren Anforderungen an Dokumentationsaufwendungen ist zu konstatieren.

Einige seien hier aufgeführt, wobei die Auflistung unvollständig ist. Es wird aber deutlich, in welch hohem Maße Heime Anforderungen gesetzlicher Art unterworfen sind. Es sind diese

- Heimüberwachung gemäß § 15 Heimgesetz
- Öffentliche Prüfungen gemäß § 114 SGB XI
- Wirtschaftlichkeitsprüfungen gemäß § 79 SGB XI
- Prüfungen des Personalbereichs gemäß § 80 a Abs. 5 SGB XI

- Lebensmittelkontrolle gemäß Lebensmittelhygieneverordnung
- Wiederkehrende Sachverständigenprüfungen unterschiedlicher Gebäudeanlagen:
  a. Brandmeldeanlage
  b. Lüftungsanlage
  c. Elektroanlage
  d. RWA Anlage
  e. Feuerlöscher
  f. Feststellanlagen
- Elektrogeräteprüfung ortsveränderlicher Elektrogeräte gemäß ArbSchG
- Prüfung medizinischer Geräte, insbesondere der Pflegebetten nach §§ 3, 26 MPG
- Sicherheitstechnische Überprüfung der Aufzugsanlagen gemäß GSG
- Überprüfung der Dampfkessel gemäß GSG
- Überprüfung der Ölbehälter gemäß Aws
- Hygieneüberwachung von Wasser– und Steckbeckenanlagen gemäß dem Seuchengesetz (Bundesseuchengesetz/Infektionsschutzgesetz)
- Brandschauen und vorbeugender Brandschutz gemäß FSHG
- Prüfung der Hausinstallationen und Trinkwasserleitungen gemäß ÖGDG

Dies ist nur eine Teilmenge der Anforderungen, die mit dem Kerngeschäft der Pflege und Betreuung alter Menschen ursächlich erst einmal nichts zu tun haben, nur die Peripherie des Angebotes der Dienste betreffen. Es wird aus dieser Aufzählung allerdings schon deutlich, in welch hohem Maße die Betriebe mit Regulierungen und Überprüfungen belastet sind.

Schon hier die Anmerkung: In jedem dieser aufgezählten Bereiche denken und handeln Menschen, die in aller Regel nur ihren Bereich sehen und diesen weiter entwickeln und mit einer hohen Verbindlichkeit versehen.

Nimmt man die genannten Zahl von 280 gesetzlichen Anforderungen in die Betrachtung und bedenkt man die Anforderungen, die für den Kernbereich der Pflege und Betreuung von besonderer Bedeutung sind, so wird deutlich, wie überfrachtet das eigentliche Handeln im Kernbereich der „Pflege und Betreuung" mit Kontroll- und Überwachungsauflagen ist. Es ist so: das Handeln scheint nicht mehr im Vordergrund zu stehen und Handeln ist hier, pflegend und betreuend Lebensraum für alte und pflegebedürftige Menschen in ihrer letzten Lebenszeit zugeben und praktisch inhaltlich zu gestalten. Es scheint mehr so, als würde die Überprüfung und Verwaltung des Handelns im Mittelpunkt stehen. Machen wir das an einem ersten Schaubild deutlich:

So sollte es sein:

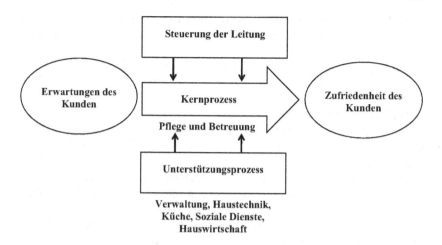

Wie oben beschrieben, hat sich diese Grundsituation aber gerade durch eine zunehmende Verrechtlichung der Pflege und der zuarbeitenden Bereiche verändert. *Heute sieht es so aus:*

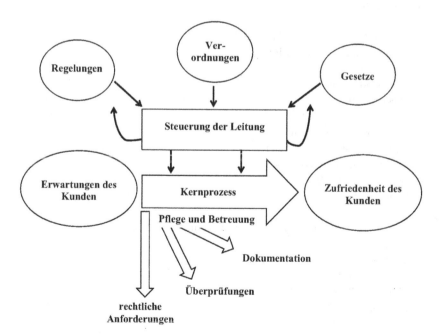

In der Konsequenz nimmt die verfügbare Zeit der direkten Pflege und Betreuung drastisch ab zugunsten der formalen Forderungen von Leistungsdokumentation und Qualitätssicherung.
Das sorgende Handeln wird vom Verwalten des Handelns dominiert.
Dafür gibt es Ursachen:

- **Die Verrechtlichung**

Aus dem oben schon angeführten kann auf eine umfassende und zunehmende Verrechtlichung der Altenhilfe geschlossen werden. Wittmann hat dies in der Zeitschrift „Altenheim" veröffentlicht (Wittmann 2004, S. 62 ff.).

Wittmann geht von 80 verbindlich zu erfüllenden gesetzlichen Anforderungen aus, die die unterschiedlichen Bereiche eines Altenheimes grundsätzlich zu erfüllen haben.

Die Regelungen des Heimgesetzes und des SGB XI beschreiben die gesetzlichen Mindestanforderungen. Sie regeln die tägliche Arbeit von Altenhilfeeinrichtungen und sind als sinnvoll zu bewerten. Bedenklich ist, dass oft mehrere Institutionen deren Einhaltung überprüfen, was die Einrichtungen vor einen vermehrten Organisationsaufwand in der Vorbereitung der Überprüfungen stellt.

Für die betriebswirtschaftlichen Strukturen und Abläufe sind folgende Regelungen zu beachten:

- SGB XI: § 4, 28, 29, 41 ff., 71 ff.,79, 80, 80a, 82 ff.
- Pflegebuchführungsverordnung
- Handelsgesetzbuch
- Abgabenordnung
- Pflegestatistikverordnung
- Heimgesetz
- Heimpersonalverordnung
- Heimmindestbauverordnung
- Heimmitwirkungsverordnung
- Sozialgesetzbuch V
- Bundessozialhilfegesetz

Gerade bei der eigentlichen Leistungserbringung sind zu beachten:

- SGB XI
- Rahmenvertrag § 75
- MDK Anleitungen
- Heimgesetz § 2,11

- Medizinproduktegesetz
- Unfallverhütungsvorschriften
- DIN VDE 0282-10
- Betäubungsmittelverordnung
- Infektionsschutzgesetz
- MRSA
- Strafgesetzbuch
- Bürgerliches Gesetzbuch

Aktuell sind folgende neue Anforderungen hinzugekommen:

- § 113 SGB XI Maßstäbe und Grundsätze zur Sicherung und Weiterentwicklung der Pflegequalität,
- § 113 a Expertenstandards zur Sicherung und Weiterentwicklung der Qualität in der Pflege mit einer jährlich wachsenden Anzahl an Empfehlungen für Assessments und Managementsystemen
- § 114 Qualitätsprüfungen (für alle Einrichtungen zwischen 2008 und 2010 mindestens einmalig, ab 2011 jährlich)
- § 114 (4) Verringerung des Prüfumfanges, wenn geeignete eigene Prüfergebnisse vorliegen
- § 115 Ergebnisse von Qualitätsprüfungen werden veröffentlicht
- Pflegeneuausrichtungsgesetz (PNG)
- Aktualisierte Pflegetransparenzvereinbarungen (PTVS)
- Zu erwarten ist eine Neufassung des Pflegebedürftigkeitsbegriffs, der sich nicht mehr an Defiziten sondern eher an Ressourcen und Fähigkeiten orientiert.

Es wird anschaulich, dass der „SGB XI finanzierte Pflegebereich der am stärksten verregelte Bereich ist" (Höhmann 2009, S. 13 ff.). ˙

Der Runde Tisch „Pflege" stellt in seinem Bericht fest: (BMFSFJ 2005b) „Die Leistungserbringung in der Pflege ist gekennzeichnet durch eine Fülle gesetzlicher und untergesetzlicher Vorgaben und Verfahrensvorschriften zur einrichtungsinternen und zur externen Prüfung dieser Leistungen. Nach Auffassung vieler Beteiligter fehlt es oft an ausreichender Koordination und zum Teil sind auch widersprüchliche Anforderungen feststellbar."

- **Bürokratisierung**

Aus dem ausführlich dargestellten Problem der Verrechtlichung ergibt sich fast zwangsläufig eine erhebliche Zunahme der bürokratischen Aufwendungen für Pflegeeinrichtungen. Die Bundesregierung widmet sich diesem Thema bereits seit

2005, und obwohl mit den „10 Eckpunkten zur Entbürokratisierung des Heimrechts" Forderungen zur Entbürokratisierung aufgestellt wurden, kommen alle in diesem Zusammenhang durchgeführten Untersuchungen zu dem Ergebnis, dass insbesondere von Heimen eine stetig steigende Belastung durch eine wachsende Aufgabenfülle, übergeordnete Bürokratie und damit enger werdende Handlungsspielräume beklagt werden. Weiter wird festgestellt, dass Überdokumentation, eine Vielzahl unterschiedlicher Qualitätssicherungsmaßnahmen sowie Doppelt- und Mehrfachprüfungen der eigentlichen Pflegeaufgabe viel Zeit und Potential rauben. Zu beklagen sind zudem die in der Folge einrichtungsintern entstandenen bürokratischen Strukturen, mit denen Träger und Einrichtungen auf die umfassenderen gesetzlichen Forderungen reagieren mussten.

- **Ökonomisierung**

Die wirtschaftlichen Interessen aber auch die Zwänge sind in den letzten Jahren im Bereich der Altenhilfe in den Vordergrund getreten. Nicht nur der gesetzlich vorgegebene Zwang zur wirtschaftlichen Erbringung der Pflegeleistungen und der immer größer werdende Druck durch steigende Betriebskosten bei knappen Pflegesätzen haben den Faktor Wirtschaftlichkeit für die Betriebe immer wichtiger werden lassen. Es sind auch durch ökonomische Interessen Prinzipien des Wirtschaftlichen wie Gewinnmaximierung, Standardisierungen und Bürokratie auf diagnostische, therapeutische und pflegerische Prozesse übertragen worden.

Käppeli stellt hierzu fest, dass an die Stelle des therapeutischen Bündnisses ein Vertragsverhältnis getreten ist, welches Pflegekräfte zu Leistungserbringern und die Pflege und Betreuung zum Produkt werden lässt. (Käppeli 2006, S. 1222 ff.) Käppeli betont die Bedenklichkeit dieser Entwicklung, weil die tragende Bedeutung des „therapeutischen Bündnisses", in dem i. d. R. im menschlichen Kontext weit mehr zuwendende Leistung erbracht wird, auf dem Spiele steht.

Ein wichtiger Faktor i. B. auf die Zunahme ökonomischer Aspekte in der Pflege ist das finanzielle Bemessungsverfahren für den zu leistenden Pflegeaufwand. Hier werden pflegerische und betreuende Leistungen in geldwerten Zeitwerten erfasst, die in aller Regel die tatsächlich mehr erbrachte Pflegeleistung nicht abbilden.

Für die Einrichtungen der Altenhilfe nimmt auf diese Weise der Druck zu, pflegerische und betreuende Leistungen sehr wirtschaftlich zu planen und zu rationalisieren. Für viele Pflegekräfte ist diese Situation nur schwer mit der Ethik und dem Sinn ihres Berufsverständnisses zu vereinbaren.

▶   Zum verstehen komplexer Systeme muss man aus ihnen heraustreten und sich von ihnen entfernen. Je größer der Abstand, desto größer wird die Klarheit.

Wir können aus dem oben ausgeführten schließen, dass durch die zunehmende Verrechtlichung, Bürokratisierung und Ökonomisierung der Altenpflege die
Menge der von den Betrieben zu erbringenden verwaltungsrelevanten Tätigkeiten
drastisch zugenommen hat und der Kerntätigkeit der Pflege deutliche Zeitressourcen abhanden gekommen sind. Dies, obgleich die Politik schon 2005 diesen Trend
erkannt hat und bremsen wollte. So sagte die damalige Ministerin des BMFSFJ,
Ulla Schmidt: „Wir wollen die Pflege – Vorschriften von überflüssigen Paragrafen
befreien, damit die Verantwortlichen und das Pflegepersonal sich wieder stärker
ihrer eigentlichen Aufgabe widmen können: der Betreuung und Pflege älterer und
hilfsbedürftiger Menschen" (BMFSFJ 2005a).

Ob es seitens der Politik wirklich zu komplexitätsreduzierenden Initiativen
kommen wird, bleibt abzuwarten. Immerhin kann man im Koalitionsvertrag der
Bundesregierung im November 2009 lesen: „Jeder Mensch hat das Recht, in Würde gepflegt zu werden. Um dies zu ermöglichen, benötigen die Pflegenden Zeit
für Pflegeleistungen sowie für persönliche Ansprache und Zuwendung. Pflegende
Angehörige und Menschen in Pflegeberufen pflegen täglich mit großem berufli-
chem und persönlichem Engagement. Wir werden die Rahmenbedingungen für
Pflegende und Leistungsanbieter konsequent überprüfen und entbürokratisieren,
damit der eigentlichen Pflege am Menschen wieder mehr Zeit eingeräumt wird"
(Koalitionsvertrag 2009, S. 94).

2.1.4 Komplexität als Problem für ein erfolgreiches Management

Hier wird schon deutlich, und es ist oben in einer ersten Definition festgehalten,
was Komplexität ist und für Betriebe in der Sozialwirtschaft bedeutet: eine Verdichtung von reglementierenden, ausdifferenzierten Anforderungen unterschiedlicher
Rechts- und Verordnungsbereiche, die durch handelnde Personen und Instanzen
vertreten, eingefordert und durchgesetzt werden und in der jede dieser handelnden Personen und Instanzen für sich eine erste Priorität in der Behandlung und
Beachtung ihres Bereiches beansprucht, die aber im konkreten Geschehen eines
Betriebes vielfältig ineinander vernetzt und verwoben auftauchen und behandelt
werden müssen, und hier in der Gesamtheit des betrieblichen Geschehens nur eine
von vielen der zu erfüllenden Anforderungen ausmachen.

Kurz: eine Instanz, d.h. die Pflegeeinrichtung und die in ihr handelnden
Leitungskräfte müssen die bestimmenden Anforderungen vieler Instanzen, Rechts-
bereiche und ihrer Spezialisten erfüllen.

Das ist für Sozialeinrichtungen ein großes Problem, weil sie in der Regel nicht über die finanzielle Ausstattung verfügen, sich personell in diesen ausdifferenzierten Anforderungsbereichen angemessen auszustatten, um den Spezialisten und ihren Anforderungen sachgerecht entgegen treten zu können. Im Grunde ist es in der Praxis so, das die Betriebe und ihre Träger den Anforderungen und Ansprüchen der Spezialisten hoffnungslos unterlegen und ausgeliefert sind.

Genau an dieser Stelle setzt jedoch die Aufgabe für ein erfolgreiches Management von Sozialeinrichtungen an.

Das Problem für die Betriebe in der Altenpflege ist, dass die immer komplexer werdenden Anforderungen die Bearbeitungs- und Bewältigungskapazitäten der Betriebe überfordern.

Mit zunehmend größer werdender Konkurrenz am Markt und einer notwendigen Steigerung von wettbewerbs-, finanzierungs- und strukturpolitischen Entscheidungen sind Pflegeeinrichtungen gezwungen, alle Möglichkeiten zur Rationalisierung, Leistungsverbesserung sowie der Effizienz- und Effektivitätssteigerung zu nutzen. Hierbei ist für die Betriebe besonders problematisch, dass die Menge der qualitätssichernden und erfolgsnotwendigen Leistungsanforderungen ebenso zunimmt wie der Zeitdruck der Umsetzung.

„Zentrale Entwicklungen in der Sozialgesetzgebung haben Organisationen im Sozialbereich in die Enge getrieben, haben manche Handlungsmöglichkeiten verbaut und neue Anschlussmöglichkeiten hervorgebracht. Die Zunahme an Möglichkeiten für die Klienten, zwischen einzelnen Einrichtungen und Trägern auszuwählen, die Abkehr vom Kostendeckungsprinzip durch die Einführung prospektiver Pflegesätze, die in Ausschreibungsverfahren institutionalisierte Konkurrenz zwischen Anbietern, die schrittweise Umschaltung von der objektbezogenen Investitionsförderung hin zur subjektorientierten Investitionsförderung, die vertragliche Vereinbarung von leistungsgerechten Entgelten, die Einführung von personen-, gruppen- oder sozialraumbezogenen Budgets oder die Umschaltung zu outcomeorientierten Leistungsmessung: nicht die Sozialarbeit, nicht die Pflege, nicht die Sozialpädagogik als Handlungssysteme verändern ihren Charakter, sondern die Organisationen des Sozialwesens wechseln ihren strukturellen Koppelungsfavoriten" (Schwien 2009, S. 45).

Viele Einflussgrößen, die auf die Pflegebranche einwirken, müssen vom Management beachtet und ergebnisorientiert bearbeitet werden.

- Die demographische Entwicklung mit dem Zuwachs an Pflegebedürftigen
- Die Zunahme älterer Beschäftigter und die Folge für den Arbeitsprozess

- Der Anstieg der Kompetenzanforderungen
- Die veränderten Bedürfnisse der Pflegebedürftigen
- Der Anstieg der Qualitätsanforderungen
- Personalengpässe
- Heterogene Versorgungsformen
- Differenzierung des Berufsbildes
- Anstieg berufsbedingter Belastungen
- Differenzierung der Leistungsangebote

Dies sind ausgewählte Anforderungsfelder, denen sich das Management stellen muss in einer Gesamtsituation, die als angespannt und hart zu bezeichnen ist auf einem Markt, auf dem es um Anteile und Gewinne geht. „Die Nonprofit-Bereiche der Altenhilfe sind seit Jahren von steigenden Kosten und sinkenden Erlösen betroffen. Harte Preisverhandlungen mit den Kostenträgern, Neue (private) Mitbewerber mit zum Teil günstigeren Kostenstrukturen (insbesondere niedrigere Personalkosten), Zurückhaltung der Kostenträger bzw. Streichung bei Investitionen und Instandhaltungen (z. B. Altenhilfe, aber insbesondere Investitionsstau im Krankenhausbereich) und dazu verschärfte Bedingungen bei der Kreditvergabe der Banken wegen Basel II (Rating) erschweren die Kostendeckung und Kapitalvergabe" (Schwien 2009, S. 48).

Die Bedingungen für die Betriebe, sich zielgerichtet auf den betrieblichen Erfolg hin auszurichten werden schwieriger, was die Situation für ein auf Erfolg ausgerichtetes Management deutlich erschwert. Mit Malik (2006, S. 84) ist es erste und wichtigste Aufgabe eines erfolgreichen Managements, Resultate zu erzielen.

Positive Resultate zu erzielen ist unter den weiter oben beschriebenen Bedingungen immer schwerer. Es wird aber für das Management noch schwieriger durch den wachsenden Veränderungsdruck von Pflegeleistungen, der durch die Einflüsse von Politik und Gesetzgebung, knapper werdender finanzieller Mittel, eine verschärfte Markt- und Konkurrenzsituation, die Anforderungen der demographischen Entwicklung sowie knapper werdender Personalressourcen gekennzeichnet ist. Gerade in der Sozialwirtschaft ist das Management im Grunde mit der Bewältigung dieser Aufgaben häufig überfordert, weil es in der Sozialwirtschaft häufig eher lax und weniger stringent organisiert ist. Es gilt häufig das Motto: Management mit vielen Kennzahlen aber wenigen Konsequenzen.

Nach Schwien (2009) zeichnet sich die Managementsituation in der Sozialwirtschaft aus durch „hohe Komplexität durch regelmäßige und wenig beeinflussbare neue Gesetzeslagen, festgelegte Preise nach immer neuen Regeln, permanent sich verändernde Wettbewerbsstrukturen und Wettbewerbsverzerrungsanstrengungen (z. B. Umgehung von Tarifverträgen)":

- Eingeführte Leitbilder ohne strategische Orientierung
- Ausgeprägte Herrschaftsfreiheit in den einzelnen Funktionen und Folgenfreiheit der Diskurse durch organisatorische Lücken (keine Stellenbeschreibungen, fehlendes Berichts-und Protokollwesen)
- Kennzahlen ohne Kennzahlenverantwortliche, d. h. sich ergebende Entscheidungen werden nicht getroffen, Maßnahmen – insbesondere mögliche Sanktionen – werden nicht umgesetzt
- Es herrscht eine ausgeprägte Konfliktaversion vor, Ziele werden vielfach unscharf formuliert, um Ausweichstrategien einsetzen zu können.

Bleibt das Management dem Gewirr der komplexen Anforderungen reaktiv ausgesetzt, ist es fast unmöglich, ein wirksames, klares, erfolgreiches und an klaren Zielen orientiertes Management zu betreiben.

Um das zu vermeiden, muss es vorrangiges Ziel eines wirksamen Managements sein, Komplexität wo immer es geht, innerbetrieblich zu reduzieren und für Vereinfachung, Klarheit und Transparenz zu sorgen. Malik benennt dazu einige wichtige Grundsätze, die mit entsprechenden Managementwerkzeugen umzusetzen sind. Grundsätzlich gilt es für ein wirksames Management: für klare Ziele zu sorgen, zu organisieren, zu entscheiden, zu kontrollieren, zu messen und zu beurteilen sowie als zentraler Faktor, Menschen zu entwickeln und zu fördern. Als Werkzeuge werden eingesetzt: Sitzungen, schriftliche Kommunikation, Job-Design, Arbeitsmethodik, Budgetierung, Leistungsbeurteilung und systematische Müllabfuhr (Malik 2006, S. 274).

Unter der Prämisse des Abbaus von Komplexität wird ein wirksames Management die Werkzeuge sehr effizient, effektiv und zeit- und aufwandökonomisch einsetzen.

Voraussetzung dafür ist es, dass die Managementebenen in Pflegeeinrichtungen, also die Heimleitung und die Pflegedienstleitung, verstehen, was Komplexität ist, wie sie sich entwickelt und was sie letztlich bewirkt. Nur wenn dieses Verstehen und Erkennen gelingt, ist das Management in der Lage, da wo es in seinem Entscheidungs- und Handlungsfeld möglich ist, Komplexität zu reduzieren, um den betrieblichen Erfolg zu sichern, d. h. den Kernprozess der aktiven Pflege und Betreuung in seinem aktiven Handeln zu stärken und alle das Handeln gefährdenden Prozesse und Anforderungen zu überprüfen und wenn möglich zu verringern.

Diese Entscheidungsfelder sind ganz wesentlich die Organisationsentwicklung, die Personalentwicklung und die Kulturentwicklung in den Betrieben und Organisationen.
Es erfordert vom Management neue Bereitschaften. „Tendenziell nimmt die Komplexität großer Unternehmen und natürlich auch die der Krankenhäuser zu und Führungskräfte werden damit vor die neue Aufgabe gestellt, diese Komplexität zu handhaben und nicht in vereinfachende Weltbilder zu verfallen. Sie müssen Veränderungsprozesse anstoßen, deren Ausgang im Einzelnen nicht planbar ist. Sie setzen Prozesse in Gang, von denen sie nur die Zielrichtung, aber nicht die Unwägsamkeiten auf dem Weg dahin und die Reaktion der Umwelt darauf kennen. Sie müssen Lernen, in nur teilweise bekannten Gewässern zu steuern und den Kompass ständig nach zu justieren" (Smerdka-Arhelger 2010, S. 226).

▶ Der wirksame Manager verfährt wie der gute Gärtner. Damit Bäume und Sträucher im Frühjahr wachsen können, müssen sie im Herbst beschnitten werden.

Literatur

BMFSFJ. (2005a). Pressemitteilung 13.07.2005.

BMFSFJ. (2005b). Runder Tisch Pflege. Arbeitsgruppe III Entbürokratisierung, S. 5.

Höhmann, U. (2009). Ambivalente Folgen des Qualitätsentwicklungsaktivismus in Einrichtungen der stationären Altenhilfe. Pflegen, Bd. 2/3, S. 13–15.

Käppeli, S. (2006). *Das therapeutische Bündnis in Medizin und Pflege – wie lange noch?* Schweizerische Ärztezeitung, 87 : 26, S. 1222–1225.

Koalitionsvertrag der Bundesregierung (2009): Weiterentwicklung der Pflegeversicherung.

Malik, F. (2006). *Führen – Leisten – Leben. Wirksames Management für eine neue Zeit.* Frankfurt a. M.: Campus.

Montaigne, M. (1983). *Essays.* Leipzig: Reclam.

Reuschenberg, B. (2008). Einfluss von Expertise auf Problemlösen und Planen im komplexen Handlungsfeld Pflege. Perlin: Logos Verlag.

Schnabel, E.; Schönberger, F. (Hrsg.) (2003). Qualitätsentwicklung in der Versorgung Pflegebedürftiger. Bilanz und Perspektiven. Münster: LIT Verlag. S. 15–102.

Schwien, B. (2009). *Ganzheitliche Unternehmensführung in Non-Profitorganisationen.* Stuttgart: Schäffer-Poeschel.

Smerdka-Arhelger, I. (2010): *Auswirkungen der Personalpolitik auf die Organisationskultur und die Motivation der Mitarbeiter.* In: Bechtel, P.; Friedrich, D.; Kerres, A. Mitarbeitermotivation ist lernbar. Berlin: Springer

3.1 Warum entsteht Komplexität? Erste Fragen mit Norbert Elias

Wir haben oben schon angedeutet, dass viele der in der Sozialwirtschaft tätigen Leitungskräfte das Arbeitsaufkommen in Menge, Dichte und Zeit beklagen, dass aber kaum einer der Beteiligten tatsächlich genau weiß, warum sich ereignet, was sich ereignet und darum auch kaum jemand geeignete Schritte zum Abbau von Komplexität unternimmt und vielleicht auch nicht unternehmen kann.

Wir haben weiter beschrieben, welche Menge an Gesetzen und Verordnungen vom Management in Sozialeinrichtungen zu beachten und zu bearbeiten ist und wie sehr diese Komplexität die erfolgsorientierte Arbeit des Managements belastet und behindert.

Hier soll nun der Versuch unternommen werden, die Entstehungsbedingungen von Komplexität in ihrer Ereignisdynamik zu betrachten. Wir beziehen uns dabei auf die fundierte Untersuchung von Norbert Elias „Über den Prozess der Zivilisation" und leiten das Problem der zunehmenden Komplexität als ein Problem der Gesellschaftsmechanik daraus her. Elias hat sich in seinem zweibändigen Werk mit dem Prozess der Zivilisation, besonders darin mit den Wandlungen der Gesellschaft auseinandergesetzt. Seiner Theorie der Zivilisation liegen profunde historische Untersuchungen zu Grunde.

Elias weist darauf hin, dass sich gesellschaftliche Entwicklungen im Zuge von Zivilisationsprozessen nicht rational entwickeln oder gar gewollt und gesteuert sind. „In der Tat weist nichts in der Geschichte darauf hin, dass diese Veränderungen „rational", etwa durch eine zielbewusste Erziehung von einzelnen Menschen oder einzelnen Menschengruppen durchgeführt worden sind. Sie vollzieht sich als Ganzes ungeplant; aber sie vollzieht sich dennoch nicht ohne eine eigentümliche

T. Behr, *Komplexitätsbewältigung in Betrieben der Sozialwirtschaft*,
DOI 10.1007/978-3-658-05670-4_3, © Springer Fachmedien Wiesbaden 2014

Ordnung" (Elias 1979, S. 313) Die Entwicklungen sind also nicht rational geplant, aber sie sind auch kein regelloses und ungeordnetes Geschehen.

Elias formuliert die entscheidende Frage: „Wie kommt es in dieser Menschenwelt überhaupt zu Gestaltungen, die kein einzelner Mensch beabsichtigt hat, und die dennoch alles andere sind als Wolkengebilde ohne Festigkeit, ohne Aufbau und Struktur?" (ebenda).

Elias findet auf Grundlage seiner umfassenden historischen Forschungen folgende Antwort: „Pläne und Handlungen, emotionale und rationale Regungen der einzelnen Menschen greifen beständig freundlich und feindlich ineinander. Diese fundamentale Verflechtung der einzelnen, menschlichen Pläne und Handlungen kann Wandlungen und Gestaltungen herbeiführen, die kein einzelner Mensch geplant und geschaffen hat. Aus ihr, aus der Interdependenz der Menschen, ergibt sich eine Ordnung von ganz spezifischer Art, eine Ordnung, die zwingender und stärker ist, als Wille und Vernunft der einzelnen Menschen, die sie bilden" (Elias 1979, S. 314).

Es ist also die Verflechtungsordnung menschlichen Handelns, die mit hoher Eigengesetzlichkeit Zustände hervorruft, die kein einzelner der handelnden Menschen gewollt und betrieben hat. Sie ist weder rational noch irrational. „Sie wird blind in Gang gesetzt und in Gang gehalten durch die Eigendynamik eines Beziehungsgeflechts, durch spezifische Veränderungen der Art, in der Menschen miteinander zu leben gehalten sind" (Elias 1979, S. 316). Ohne den Begriff der Komplexität zu gebrauchen führt Elias dann aus, wie dieses Beziehungsgeflecht sich in der Art des Lebens der Menschen entwickelt.

„Von der frühesten Zeit der abendländischen Geschichte bis zur Gegenwart differenzieren sich die gesellschaftlichen Funktionen unter einem starken Konkurrenzdruck immer mehr. Je mehr sie sich differenzieren, desto größer wird die Zahl der Funktionen und damit der Menschen, von denen der Einzelne bei allen seinen Verrichtungen, bei den simpelsten und alltäglichsten ebenso, wie bei den komplizierteren und selteneren, beständig abhängt. Das Verhalten von immer mehr Menschen muss aufeinander abgestimmt, das Gewebe der Aktionen immer straffer und genauer durchorganisiert sein, damit die einzelne Handlung darin ihre gesellschaftliche Funktion erfüllt" (Elias 1979, S. 317). Elias beschreibt hier sehr genau, was später Luhmann als funktionale Ausdifferenzierung in der Systemtheorie benennt.

Mit der Aufgliederung von eher ganzheitlichen Strukturen und Bezügen in immer mehr unterschiedliche Funktionen entwickelt sich im Laufe der Geschichte ein Beziehungsgeflecht der Menschen untereinander, in dem der einzelne immer mehr von diesem Beziehungsgeflecht, dessen Teil er ist, abhängt. Aus diesem Beziehungsgeflecht entstehen Wendungen und Entwicklungen, die die einzelnen Menschen nicht bezweckt und gewollt haben.

3.2 Erste Vermutungen zur zunehmenden Komplexität in der Sozialwirtschaft

Was Komplexität nicht ist, hat die Altenhilfe als Teil der Sozialwirtschaft in der Vergangenheit durchaus gekannt.

Das Heimgesetz regelte als verantwortliches Gesetz alle Belange der Altenheime, die Heimaufsicht war alleiniges Prüf- und Aufsichtsorgan, die wirtschaftlichen Aspekte wurden über das Selbstkostendeckungsprinzip und Selbstkostendeckungsblätter jährlich einmal rückwirkend geklärt, die Regelprüfungen in den Bereichen Küche, Hygiene, Brandschutz, Blitzschutz, Arbeitssicherheit u. a. waren moderat und überschaubar, die Dokumentationsanforderungen für die Pflege und Betreuung einfach aber eindeutig.

Heute ist das deutlich anders. Wir haben, wie oben bereits ausgeführt, in den vergangenen Jahren in besonderer Weise eine funktionale Ausdifferenzierung in viele rechtsrelevante Teilbereiche erlebt und dies sowohl im Bereich der direkten Pflege und Betreuung wie in den peripheren Leistungsbereichen und Versorgungsbereichen.

Die umfassende Verrechtlichung des Pflegebereiches wie aller angrenzenden Bereiche, wie Hygieneanforderungen, Brandschutz, Ernährung, Personalqualifizierung u. a., wie die mit der Verrechtlichung einhergehende Bürokratisierung als Ausdruck eines stark zunehmenden Verwaltungs- und Dokumentationsaufwandes haben die vormalige Ganzheitlichkeit und Eindeutigkeit weniger Kernanforderungen ausdifferenziert in viele Anforderungen unterschiedlicher Teilbereiche. Dies betrifft den Pflegebereich selbst. Als Beispiel sei hier das umfassende Dokumentations- und Berichtssystem genannt. Es betrifft aber auch Teilbereiche wie etwa die Anforderungen im Bereich Hygiene oder Brandschutz.

Unsere erste Vermutung zur zunehmenden Komplexität in der Sozialwirtschaft/Altenhilfe bezieht sich auf die beschriebene Verrechtlichung und Bürokratisierung und unterstellt im Sinne Elias, dass das unregulierte Ineinanderwirken der unterschiedlichen Fachgebiete im Kerngeschäft der Pflege und den angrenzenden Fachgebieten Verhältnisse erzeugt und erschafft, die kein einzelner Vertreter der Handlungsfelder in der Gesamtheit will, aber jeder in seinem Fachgebiet durch sein nur auf dieses Gebiet fokussiertes Handeln eben gerade diese Verhältnisse der zunehmenden Komplexität wesentlich mit begründet. Wir vermuten weiter, dass das Management in der Altenhilfe seiner entscheidenden Aufgabe der Reduktion von Komplexität nicht nachkommt, weil es entweder das Problem nicht erkennt oder fachlich nicht in der Lage ist, es zu beheben.

Betrachten wir die Situation auf drei Ebenen, in denen sich das Problem entwickelt und machen die Problematik am Beispiel des Qualitätsmanagements deutlich.

Generell vollzieht sich der Prozess der Anforderungen und Veränderungen für die Unternehmen in der Sozialwirtschaft/Altenhilfe in folgender Systematik.

- Die Ebene der Gesetze und Verordnungen als Vorgabe
- Die Ebene der Träger sozialer Einrichtungen/Altenheime als Organisations-und Direktionsebene
- Die Ebene des Altenheimes als Umsetzungsebene und Handlungsebene i. d. Praxis

Auf allen Ebenen gibt es heute einen hohen Grad von Ausdifferenzierungen mit einem ausgefächerten Beziehungsgeflecht der Instanzen und handelnden Menschen. Diese erzeugen durch ihr Handeln und das ungesteuerte Ineinanderwirken des Handelns das, was wir Komplexität nennen. Die Gesetzeslagen mit der Inflation von novelliertem Heimgesetz, Pflegequalitätsgesetz, Pflegequalitätsentwicklungsgesetz, Pflegeweiterentwicklungsgesetz, usw. erlauben viele Beispiele. Hier soll am Beispiel des Qualitätsmanagements die Systematik verdeutlicht werden.

Das Qualitätsmanagement eignet sich als Beispiel sehr gut, weil an diesem Bereich deutlich wird, wie gesetzliche Vorgaben die Träger/Geschäftsführungen zu Entscheidungen veranlassen, die in nachhaltiger Weise beeinflussen, welche Zeitkontingente für die praktische Pflege und Betreuung erhalten bleiben oder für den Prozess des Qualitätsmanagements absorbiert werden. Es kann an diesem Beispiel also gut derjenige Teil der Komplexitätsproblematik gezeigt werden, der die direkte Pflege und Betreuung betrifft als auch denjenigen, der die Bedeutung der Managementfunktion anlangt.

a. Ebene der Gesetze und Verordnungen als Vorgabe
Mit Einführung der Pflegeversicherung wurde im SGB XI mit dem § 80, Abs. 1 für alle Pflegeeinrichtungen einheitliche Grundsätze und Maßstäbe für die Qualität und die Qualitätssicherung verbindlich eingeführt. Die Grundsätze und Nachweispflichten bezogen sich entscheidend auf die Struktur, Prozess- und Ergebnisqualität. Mit dem Pflegeweiterentwicklungsgesetz wurde 2010 der § 80 ersetzt durch den § 113, Maßstäbe und Grundsätze zur Sicherung und Weiterentwicklung der Pflegequalität. Geblieben ist die gesetzlich vorgeschriebene Verpflichtung

für Altenheime und ambulante Dienste, ein System des Qualitätsmanagements verbindlich zu betreiben. Zunächst ist damit gemeint, ein nachvollziehbares System nachzuweisen, das Struktur-, Prozess- und Ergebnisqualität beschreibt. Im Kern geht es dabei darum, festzulegen und nachvollziehbar zu beschreiben, wie ein Betrieb von der Ermittlung der Kundenerwartung über die Steuerung der Kern- und Unterstützungsprozesse zur Ermittlung der Ergebnisqualität und Kundenzufriedenheit gelangt. Wichtig ist in diesem Zusammenhang, dass das Gesetz keine Vorgaben über Art und Umfang des Qualitätsmanagementsystems macht und auch keine Zertifizierung in einem QM-System fordert.

b. Die Ebene der Träger sozialer Organisationen/Altenheime als Organisations- und Direktionsebene

Die Geschäftsführungen und Fachreferenten der Träger sind verantwortlich für die Einführung und Umsetzung gesetzlicher Vorgaben in den Betrieben/Altenheimen. Im Falle der Vorgabe zur Einführung und Umsetzung geeigneter Maßnahmen zur Qualitätssicherung entscheiden sie, welches QM-System in welcher Art und in welchem Umfang eingeführt werden soll und sie entscheiden ebenso, ob der Träger für seine Altenheime eine Zertifizierung anstrebt. Auch wird an dieser Stelle durch Gewichtung und Zuordnung der Stelle der Qualitätsmanagementbeauftragten entscheidend die Bedeutung und die Freiheitsgrade des QM-Systems bestimmt. Die Erfahrung zeigt, dass die Geschäftsführung aus Desinteresse oder Unkenntnis nur zu häufig der QMB große und größte Freiheiten in der Ausgestaltung des QM überlässt.

An dieser Stelle hat die oberste Managementebene die Entscheidungshoheit über das Maß und die Regulierung von Komplexität. Schon bei der Auswahl des QM-Systems sowie bei der Frage, welche Prozesse als Kernprozesse angesehen und beschrieben werden, wird eine Entscheidung darüber getroffen, in welchem Maße die Betriebe in der Phase der Einführung des Systems und sowie im konkreten Arbeitsalltag mit bürokratischen Aufwendungen belastet werden. Eine Zertifizierung ist im Prozess der Vorbereitung extrem arbeitsaufwändig und zeitbindend und zieht nicht nur Rezertifizierungen, sondern auch eine Fülle von Audits nach sich, die wiederum sehr zeitbindend sind und die Mitarbeiter von ihrer eigentlichen Tätigkeit der Pflege und Betreuung abhalten. Eine Qualitätsmanagementbeauftragte mit allen Freiheiten wird schon im Sinne der Sicherung ihrer Stelle das QM-System ausweiten und nicht sinnvoll als Dienstleistung dem Kerngeschäft der Pflege und Betreuung zuordnen.

Interessant ist, dass der MDK bei seinen Überprüfungen der Pflegeheime keinen signifikanten Qualitätsunterschied zwischen zertifizierten und nicht zertifizierten Einrichtungen feststellen konnte.

Das obere Management ist sich der Bedeutung und Tragweite in Bezug auf ein mehr oder weniger an Komplexität und das heißt ein mehr oder weniger an pflegefremder Tätigkeit für die betroffenen Mitarbeiter, in ihrer Entscheidung und Steuerung des Qualitätsmanagements zu selten bewusst. „Die Leitungsebene lässt sich – aus Unsicherheit und/oder fehlender fachlicher Kompetenz – vielmehr im Rahmen isomorpher Nachahmungsprozesse oft von der Handlungslogik her untaugliche Qualitätssysteme überstülpen. Sie investiert unendliche Mengen an Geld und Energie in Testate jeglicher Form, mit meist geringer Aussagekraft für (potentielle) Bewohner" (Höhmann 2009, 2/3, S. 13 ff.).

Dieses Verhalten der Leitungsebene riskiert, dass die Mitarbeiter die Qualitäts-anforderungen inhaltlich nicht tragen und eher als von außen erzwungen erleben und dass sie Qualitätsmanagementsysteme einführen, die technischen Fertigungs-prozessen entlehnt sind und eine zunehmende und für die Pflege untaugliche Kontroll- und Verregelungstendenz zur Folge haben, die Komplexität erhöht.

Klar scheint auch, dass das obere Management selten bedenkt, was denn ne-ben der Qualitätssicherung die entscheidende Aufgabe eines guten QM-Systems ist. Ein gelungenes System erfasst die wesentlichen Kernprozesse und beschreibt sie in eindeutiger und verbindlicher Weise. Alle Mitarbeiter sind an die Verfah-rensanweisungen und Standards quasi als Dienstanweisung gebunden, verstehen diese und gestalten ein Prozessgeschehen, dass insgesamt Komplexität abbaut. Ein schlechtes QM-System versucht alles, auch den kleinsten und unwichtigsten Pro-zessschritt zu beschreiben und in verbindliche Form zu bringen und erhöht damit in beträchtlicher Weise Komplexität. Zudem fühlen sich durch solche Systemformen in der Regel die Mitarbeiter sehr behindert und eingeschränkt. Nicht selten wird in solchen Fällen neben dem eingeführten QM-System ein auf eingeübten Rou-tinen, Absprachen und Beziehungen basierendes Parallelsystem erfolgreich und zeitsparend als Umgehung des QM-Systems betrieben.

c. Die Ebene des Altenheimes als Umsetzungsebene und Handlungsebene i. d. Praxis

Die strategischen Entscheidungen der Geschäftsführungen und Vorstände müs-sen in der Praxis in den Betrieben/Pflegeeinrichtungen umgesetzt werden. In Bezug auf das QM bedeutet dies, dass die Heimleitungen und Pflegedienstleitungen die Weisungen in praktisches betriebliches Handeln einführen müssen. In der Re-gel bedeutet dies die Zuweisung neuer Aufgaben für eine Qualitätsbeauftragte, die Einrichtung von Qualitätszirkeln und im Wesentlichen die Einführung und praktische Umsetzung der im Qualitätsmanagementhandbuch vorgegebenen Ver-fahrensanweisungen und Standards. Da es im QM darum geht, in den Betrieben die Handlungsprozesse einheitlich und nachvollziehbar im Sinne einer gewollten

Qualität zu gestalten, ist dies nur mit einer Fülle von Fortbildungen, Instruktionen, persönlichen Gesprächen und überprüfenden Audits zu schaffen. In jedem Falle, egal wie die Vorgaben der Geschäftsführung sind, ist die Einführung eines QM-Systems in die Praxis der Pflegeeinrichtungen immer mit einem erheblichen Mehraufwand für alle Beteiligten verbunden. Häufig müssen alte und eingeübte Verfahren und Regularien im Sinne des QM verändert werden, für alle Prozesse muss ein nachvollziehbarer Nachweis durch Formblätter erbracht werden u. a. der Mehraufwand an pflegefremder Zeit für die Einführung eines QM-Systems ist vertretbar und für alle Mitarbeiter und die Leitungen verständlich, wenn es zur Vereinheitlichung und Vereinfachung der Prozesse und betriebsinternen Handlungsabläufe in allen und zwischen allen Betriebsbereichen kommt, und vor allen Dingen spürbar wird, dass durch die Klärung der Prozesse Zeitressourcen für die praktische Arbeit mit den Bewohnern gewonnen wird. Tut es dies nicht, d. h. überzeugt das System die Mitarbeiter nicht nachhaltig, wird ein QM-System immer ein Fremdkörper im Betrieb bleiben und nur belastende bürokratische Mehraufwendungen produzieren.

Im Folgenden soll an zwei Beispielen dargestellt werden, wie bei zwei großen Trägern von Altenpflegeheimen in sehr unterschiedlicher Weise und mit erheblich unterschiedlicher Wirkung auf die betriebliche Komplexität ein QM–System eingeführt und praktiziert wurde.

Beginnen wir mit der negativen Variante.

Der Träger ist ein großer Wohlfahrtsverband mit 12 Altenpflegeeinrichtungen in Hessen. Die Geschäftsführung und die Leitung des Altenhilfebereiches entscheiden sich auch unter dem Druck einer wirtschaftlich und öffentlich sehr problematischen Situation für die Einführung eines QM Tandem-Systems (ISO Anteil und trägertypische Anteile) mit Zertifizierung für alle Einrichtungen. In der Funktion einer Stabsstelle bei der Geschäftsführung übernimmt eine Qualitätsmanagementbeauftragte die Verantwortung für Planung, Entwicklung und Implementierung des QM, eine Lenkungsgruppe und eine Steuerungsgruppe zur zentralen Leitung werden von ihr geleitet. Die QMB hat dabei größte Freiheiten, da der Geschäftsleitung das Thema QM eher gleichgültig ist und eher als notwendiges Übel begriffen wird. Seitens der QMB und der Referatsleitung Altenhilfe besteht der Ehrgeiz, das QM-Handbuch in Eigenarbeit durch dafür qualifizierte Mitarbeiter und entsprechende Arbeitsgruppen selber zu entwickeln. In der ihr gewährten Gestaltungsfreiheit ist die QMB stark motiviert durch einen großen Profilierungswunsch in Richtung Bundesebene des Trägers.

Tendenziell entwickelt sich die Gestaltung des Systems in der Weise, dass versucht wird möglichst viele Prozesse und Teilprozesse zu erfassen und verbindlich zu beschreiben. Diese Tendenz geht bis zu einem Standard, der die Kalibrierung von Thermometern in Kühlschränken beschreibt. Im Prozess der Entwicklung des Systems kommt es zur Überlastung der mitwirkenden Mitarbeiter durch immer neue Arbeitsgruppen, Korrekturen von Entwürfen u. a. Zwischenaudits in den Betrieben etc. Am Ende steht ein umfängliches QM-Handbuch, das eine extrem hohe Zahl der Prozesse in allen Betriebsbereichen verregelt. Besonders ist natürlich der Pflegebereich betroffen. Hier kommt es in den Betrieben schon schnell zu Widerständen der betroffenen Mitarbeiter, weil diese sich nicht nur zunehmend durch die zusätzlichen Belastungen (Führen von Checklisten, Kontrollen, Protokolle, Berichte, Befragungen, Fehlersammellisten) überfordert sehen, sondern wesentlich den Sinn der zusätzlichen Aufwendungen nicht begreifen können. Auch die QBs in den Betrieben werden von den angeforderten Befragungen und Controlling-Auswertungen stark von ihren Kerntätigkeiten abgehalten.

Am Ende des Prozesses stehen erfolgreich zertifizierte Betriebe, in denen sich tausende von Überstunden durch den Implementierungsprozess aufgebaut haben, es stehen aber auch unzählige überarbeitete Mitarbeiter, die das aufgeblähte QM-System ablehnen, weil es ihnen die Zeit für die Arbeit mit den Bewohnern raubt. Auch viele Leitungskräfte sind frustriert, zucken aber eher resigniert mit den Schultern, weil sie sich dem Anordnungsdruck der QMB, die über den Geschäftsführer für alles gedeckt wird, hilflos ausgesetzt sehen.

Wie ein solcher Fall fachlich in seiner Auswirkung auf eine zunehmende Komplexität, die tatsächliche Qualitätsentwicklung und die Lage der Mitarbeiter einzuschätzen ist, hat Höhmann sehr gut beschrieben. „In solchen Situationen einen inhaltlichen Fachdiskurs über gewollte, fachlich gebotene und erforderliche Qualität zu fordern, erscheint absurd. Das vermeintlich wahrheitsgenaue Abhaken einer Checkliste, betriebswirtschaftliche Erfolgskennzahlen und (oft) zweifelhafte Zufriedenheitsstudien werden zum Surrogatparameter für fachliche Qualität, ohne inhaltlich hochwertige Leistungen und Identifikation der Berufe mit ihrem „Arbeitsergebnis" sicherstellen zu können".

Arbeitssoziologische Analysen zeigen für solche Szenarien die Begünstigung paradoxer Effekte durch typischerweise enge Qualitätsregulationen auf eine systematische Kollision zwischen dem fachlichen Arbeitsethos der Berufsgruppen und den Organisationszielen, die es konzeptionell auszubalancieren gilt. Durch rigide (Qualitätschecklisten) Vorschriften, die identifikationsträchtige Berufskompetenzen engen formalisierten Abläufen unterwerfen, verlieren die Berufsgruppen – hier die Altenpflege, schnell ihre „soziale Ehre" und ihr berufliches Zugehörigkeitsgefühl. Die Mitarbeiterinnen beginnen sich innerlich von ihren Arbeitsergebnissen zu distanzieren, verringern ihre „Ich-Leistungen" und Kreativität, verengern ihre Problemwahrnehmung, entwickeln schützende Ausweichmanöver und lösen ihre Rollenkonflikte schließlich durch Zynismus, Burn-out oder Gleichgültigkeit

(z. B. Dreitzel 1980). Solchen oft beklagten „Performancekrisen" der Mitarbeiter begegnen die Organisationsleitungen typischerweise mit krisenverschärfenden Mechanismen: Sie verstärken die (Qualitäts-)Kontrollen der Arbeit ihrer Fachleute engmaschiger. Ausgeübt wird diese Regelungsmacht oft, wie in der Altenpflege, von Vorgesetzten, die vorrangig mit verfahrenstechnisch legitimierten Kompetenzen und nur geringer fachlicher Autorität ausgestattet sind (Sennett 2005, S. 41 ff.; Höhmann 2009, S. 15).

Die hier beschriebene Systematik einer überfrachteten und übersteuerten, weil hemmungslos unregulierten Qualitätsbürokratie führt im Effekt zu einer Förderung der Passivität der Mitarbeiter, einer Schwächung der Innovations- und Leistungsfähigkeit der Betriebe und einer Zunahme der Mitarbeiterfluktuation und Mitarbeitererkrankung. Zuletzt kommt beim Kunden, also dem Bewohner, statt einer gesicherten Qualität ein deutliches Weniger an spür- und erlebbarer Pflege-und Betreuungsqualität an.

In der positiven Variante entschließt sich die Geschäftsführung und der Vorstand eines kirchlichen Trägers mit mehreren stationären Pflegeeinrichtungen und Verbünden zwar ein QM-System einzuführen, aber keine Zertifizierung anzustreben, weil man sich von der Zertifizierung weder ein mehr an Qualität noch einen Marktvorteil verspricht. QMB wird die zuständige Fachreferentin für die Altenpflege, was die Wahrung der pflegepraktischen Interessen der Pflege sichern soll. Eine Facharbeitsgruppe definiert die wesentlichen zu beschreiben den Kernprozesse, ergänzende notwendige Bausteine werden hinzugekauft. Es entsteht ein kurzes und effektives QM-Handbuch, das kurz und effizient eingeschult wird. Der Geschäftsführer überwacht den Prozess unter der Prämisse: was du auf einem Formblatt oder mit einer Kennzahl sagen kannst, musst du nicht mit mehreren sagen. Er ist darauf bedacht, die Pflege bei der realen pflegerischen Tätigkeit zu lassen und nur die notwendigen Sicherungs-und Entwicklungsmaßnahmen einzuführen. Im Effekt gibt es ein funktionierendes QM-System, was in der praktischen Arbeit von den Mitarbeitern getragen wird und zu einer tatsächlichen Qualitätssicherung führt.

Höhmann führt i. B. auf die Steuerungsverantwortung dazu aus: „Dem können Leitungskräfte entgegensteuern: Vom Beginn jeder Qualitätsentwicklungsmaßnahme an sind sie gefragt, im geschützten Rahmen berufsfachlich – inhaltliche Abstimmungsprozesse auch gegen die Hierarchiefurcht und formalen Anforderungen von außen mit und unter den Mitarbeitern in Gang zu setzen, Berufskompetenzen aktiv zu nutzen, zu fordern, zu stützen und die konzeptionelle Begründungsfähigkeit ihrer Mitarbeiterinnen zu stärken. Auf der Basis dieser Druckreduktion wird eine Verregelungsspirale überflüssig. Vielmehr werden fachliche Handlungsspielräume gefragt und erweitert, weil der Inhalt und Sinn eines gemeinsam getragenen Qualitätsverständnisses deutlich ist. Das ist ein langer Prozess. Das brennende

Interesse an unmittelbar Erlösassoziierten Qualitätsthemen sollte die Verantwortlichen nicht dazu führen, längerfristige inhaltliche Erfolgs- und Effizienzreserven in ihren Einrichtungen durch den Einsatz unkritischer Managementkonzepte aus dem unerschöpflichen aber verschlissenen Arsenal der Betriebswirtschaft brachliegen zu lassen" (Höhmann 2009, S. 15).

Unsere erste Vermutung zum Problem der zunehmenden Komplexität in den Betrieben der Sozialwirtschaft und hier im speziellen in der Altenpflege bekommt eine klare Kontur:

Verantwortlich für ein mehr oder weniger an Komplexität ist in entscheidender Weise das Verhalten und die Haltung des oberen und mittleren Managements der Einrichtungsträger, d. h. der Geschäftsführungen, der Fachgebietsleitungen und der Heimleitungen. Ihr Bewusstsein und ihr Wissen um die Bedeutung der Komplexität ist entscheidend für ihr Steuerungsverhalten und damit ein wesentlicher Managementbeitrag zur Sicherung der betrieblichen Qualität und des gewünschten Erfolges. Letztlich ist dies auch entscheidend für die Gesundheit und Motivation der Mitarbeiter. Diese entscheidende Aufgabe der Selektion und Überprüfung aller betrieblichen Prozesse, aber auch gerade die Art und Weise der Implementierung und Umsetzung von gesetzlichen Vorgaben, ist, wie es an den beiden Beispielen oben verdeutlicht wurde, vom Management unter dem Diktum der Reduzierung von Komplexität zu bewerten und zu organisieren. Andere Bereiche gibt es neben dem angeführten Beispiel des Qualitätsmanagements genug. Die oben angeführten Träger haben z. B. in den Bereichen Risikomanagement, Controlling und Berichtswesen sehr unterschiedliche Vorgehensweisen entwickelt, die im guten Beispiel zu knappen, klaren und die Betriebe entlastenden Praktiken führte, im schlechten Beispiel zu einem aufgeblähten, verwirrenden System unglaublich vieler Kennzahlen, die wesentlich die Mitarbeiter in den Betrieben zeitlich in der Erhebung belasten.

Unsere Vermutung legt nahe, dass das Management in der Sozialwirtschaft/Altenhilfe zu oft entscheidende Fehler und Unterlassungen zur Reduzierung von Komplexität macht, weil es:

- Das mit Elias oben eingeführte ungehemmte und unregulierte Ineinanderwirken der Interessen und des Handelns Vieler (z. B. der Stabstellen) nicht zielführend bestimmt und reguliert, und dies sowohl innerorganisatorisch wie innerbetrieblich.
- Kaum die Kompetenz des Fachgebietes gegenüber externen Einflussnehmern (z. B. Brandschutz) moderierend nutzt
- Kein Augenmerk auf die Reduzierung auf das Notwendige und Sinnvolle im Bereich der innerorganisatorischen Prozesse legt.

Wesentlich orientiert sich das Management nicht am Prinzip des Rasiermessers von Ockham, das besagt: Was sich mit weniger Prinzipien erklären lässt, braucht nicht mit mehr erklärt zu werden (Wilhelm Ockham, Philosoph im 14. Jahrhundert). (Peak und Frame 1995, S. 19) Zudem zeigt das Management zu wenig Widerstand gegen unsinnige bürokratische Anforderungen, wie wir weiter oben bereits mit Höhmann erwähnt haben.

Zudem scheint es so zu sein, dass sich in Führungspositionen Manager vom Technokratentyp etabliert haben, die Unternehmen als logisch steuerbare Maschinen betrachten und wie Patricia Pitcher in ihrer Langzeitstudie „Das Führungsdrama" nachgewiesen hat (vgl. Pitcher 2008), nicht selten auf diese Art die Betriebe ruinieren.

Abschließend soll hier noch Malik zitiert werden, um die Aufgabe des Managements i. B. auf seine Moderationsaufgaben im Sinne von mehr Balancierung statt Optimierung zu verdeutlichen. „. . . zwar auch mit Analyse, aber v. a. mit Integration und Synthese sehr verschiedenartige Faktoren, weniger mit der Konstruktion widerspruchsloser Zielsysteme als mit der sich täglich neu stellenden Problematik der Harmonisierung unvermeidlich widersprüchlicher Absichten und Erwartungen. Management kann man möglicherweise – so die Vermutung – viel besser verstehen als das ständige Bemühen, ein sehr komplexes System unter Kontrolle zu bringen und zu halten, das durch ein hohes Maß an Prohabilismus gekennzeichnet ist, dessen Elemente sich ständig verändern, sowohl bezüglich ihrer Zustände als auch, grundlegender, bezüglich ihrer Art und Zahl, und dessen Eigendynamik bewirkt, dass es nur schwer, und häufig mit unerwünschten Nebenwirkungen, beeinflusst werden kann" (Malik 2006).

▶ Es gibt Typen der Persönlichkeit, die Komplexität eher befördern als andere.

3.3 Ergänzung. Menschliche Entwicklungsdynamik und Karen Horney

Menschen treiben Handeln und menschliches Handeln bestimmt entscheidend Entwicklungen und Prozesse in Betrieben und Organisationen. Mit Norbert Elias konnte gezeigt werden, wie durch das unregulierte Ineinanderwirken dieses menschlichen Handelns Ereignisse, Zustände und Dinge entstehen, die vielleicht niemand der Handelnden im Einzelnen so gewollt hat. Wir haben dies oben in

Bezug auf das Problem der zunehmenden Komplexität in den Betrieben der Sozialwirtschaft/Altenhilfe genau beschrieben. In seiner Betrachtung hat Elias dem handelnden Menschen unserer Ansicht zu wenig Bedeutung aus psychologischer Sicht gewidmet. Unter dem Gesichtspunkt der zunehmenden Komplexität in den Betrieben der Sozialwirtschaft/Altenhilfe müssen die Antriebskräfte der Handelnden, ihre Motive und ihre Motivation als entscheidende Einflussgrößen auf ein mehr oder weniger an Komplexität bedacht werden. Dies gilt sowohl für die Managementebene in den Organisationen und Betrieben als auch für alle im System Altenhilfe agierenden Subsysteme, also Vertreter der Kostenträger und Aufsichtsgremien, der Sozialhilfeträger, des Brandschutzes, der Arbeitssicherheit, der Hygiene u. a. Die Praxis gibt hier anschauliche Beispiele, wie der Menschentyp eines Rollenträgers verantwortlich ist für die Komplexitätsverdichtung oder Reduktion. So kann z. B. die Auslegung der gesetzlichen Bestimmungen zum Brandschutz in den Kreisen eines Bundeslandes durch die Kreisbrandinspektoren völlig unterschiedlich gehandhabt werden. In dem einen Landkreis kann es einen moderaten Anspruch i. B. auf die Umsetzung der gesetzlichen Forderungen geben, weil die handelnden Personen das Kerngeschäft der Pflege und Betreuung unter dem Gesichtspunkt einer Lebensweltorientierung in den Betrieben berücksichtigen. In einem anderen Landkreis kann es durchaus möglich sein, dass eben dies kaum Beachtung findet und der Brandschutz zum Kernthema des Pflegebetriebes wird, weil von Seiten des Amtes und seiner Vertreter penibel und unter Androhung von Sanktionen auf bauliche Gegebenheiten, durchgeführte Schulungen, Unterweisungen und Überprüfungen geachtet wird.

Wir haben oben am Beispiel des Qualitätsmanagements ein Beispiel aus dem Kernbereich der Pflege eingeführt und schon darauf hingewiesen, wie sehr Art, Umfang und Bedeutung des QM vom handelnden Management und den Qualitätsmanagementbeauftragten abhängig ist. Es ist abhängig vom handelnden Menschen in seiner Rolle und Funktion und es ist in besonderer Weise abhängig von der Psychostruktur eben dieses Menschen. Hier gibt es bedeutsame Unterschiede, die, und dies ist die zweite Vermutung, entscheidenden Einfluss auf die Komplexität in den Betrieben der Sozialwirtschaft ausübt. Dass die personale Struktur beträchtlichen Einfluss auf Unternehmungen hat, ist in vorliegenden Untersuchungen erwiesen.

de Vries und Miller (1995) haben die neurotischen Verhaltensmuster von Unternehmensleitern und ihren Einfluss auf die Unternehmenskultur untersucht. Sie kamen zu dem Ergebnis, dass unterschiedliche neurotische Störungen von Führungskräften den Führungsstil und in der Wirkung die Unternehmenskultur nachhaltig beeinflussen. „Sie unterscheiden die paranoide Kultur, die durch Misstrauen und Angst geprägt ist, die zwanghafte Kultur, in der Perfektionismus und Detailbesessenheit vorherrschen, die dramatische Kultur, in der sich der charismatische Führer selbst in Szene setzt, die depressive Kultur, die durch pessimistische Zukunftschancen und Angst vor persönlichem Versagen geprägt ist, und die schizoide Kultur, bei der die Unternehmensspitze distanziert und zurückgezogen ist" (Miller 1995, S. 153).

Zur Erklärung unserer Vermutung greifen wir hier auf die Theorie der neurotischen Konflikte der Psychoanalytikerin Karen Horney zurück, die diese in den 1940er Jahren entwickelte. Nach Horney entwickeln Kinder, denen es durch ihre Eltern an Zuwendung, Liebe, Aufgehobenheit, Anerkennung und Grundvertrauen fehlt, eine Art Grundangst, die sie zu kompensatorischen Strategien zwingen. So kann ein Kind, das keine Liebe erfährt, versuchen, Macht über andere Menschen zu erlangen. Diese Strategien können sich dauerhaft in der Persönlichkeit verfestigen. „Eine jede dieser Strategien kann ein mehr oder weniger überdauernder fester Bestandteil des Charakters werden; mit anderen Worten, eine bestimmte Strategie kann die Funktion eines Triebes oder Bedürfnisses in der Persönlichkeitsdynamik annehmen. Horney legt eine Liste von zehn Bedürfnissen vor, die erworben werden als Folge des Versuchs, Lösungen für das Problem der gestörten menschlichen Beziehung zu finden." (Horney 1978, S. 158) Horney nennt diese Bedürfnisse „neurotisch", weil sie irrationale Problemlösungen darstellen. Für unsere Belange seien hier von den zehn Bedürfnissen folgende aufgeführt:

- Das neurotische Bedürfnis nach Macht, das sich in der Begierde nach Macht um ihrer selbst Willen, in einer völligen Missachtung anderer sowie in einer kritiklosen Verherrlichung von Stärke und einer Verachtung jeder Schwäche äußert.
- Das neurotische Bedürfnis, andere auszunutzen und sie mit allen Mitteln zu besiegen
- Das neurotische Bedürfnis nach sozialer Anerkennung und Prestige
- Das neurotische Bedürfnis nach persönlicher Bewunderung
  Ein Mensch mit diesem Bedürfnis hat ein überhöhtes Selbstbild und möchte allein deshalb bewundert werden, nicht auf Grund dessen, was er wirklich ist.
- Der neurotische Ehrgeiz nach persönlicher Leistung
  Ein solcher Mensch will immer der beste sein und treibt sich zu immer größeren Leistungen an – eine Folge seiner fundamentalen Unsicherheit.

Nach Horney sind es diese neurotischen Bedürfnisse, aus denen unsere inneren Konflikte entstehen. Sie subsumiert die Bedürfnisse in einer Klassifizierung in drei typische Charakterzüge: dem nachgiebigen unter dem Gesichtspunkt der Hinwendung zu den Menschen, dem distanzierten unter dem Gesichtspunkt der Abwendung von den Menschen und dem feindseligen unter dem Gesichtspunkt der Wendung gegen den Menschen. Jeder dieser Rubriken repräsentiert eine Grundorientierung auf andere und sich selbst, die die Basis für innere Konflikte sein können. Entscheidend ist nun, dass alle Menschen diese Konflikte haben können, und dass der Unterschied zwischen dem normalen und neurotischen Konflikt nur graduell ist und von der Integrationsfähigkeit, bzw. von der fehlenden Integrationsfähigkeit des betroffenen Menschen bestimmt wird.

Der normale Mensch ist in der Lage, diese drei Grundorientierungen zu integrieren und damit in der Lage, diese Konflikte zu lösen. Der Neurotiker jedoch muss auf Grund seiner größeren Grundangst künstliche und irrationale Lösungen finden und anwenden. Er erkennt bewusst nur einen der Trends und ignoriert die anderen, bzw. er konstruiert sich ein idealisiertes Selbstbild, in dem er scheinbar integrieren kann, dies aber tatsächlich nicht tut.

3.4　Zweite Vermutung

Wir müssen davon ausgehen, dass in den Organisationen und Betrieben der Sozialwirtschaft im Management (wie in allen Bereichen des gesellschaftlichen Lebens) nicht nur normale Menschen mit einer entwickelten Integrationsfähigkeit arbeiten. Gleiches gilt für alle angrenzenden Bereiche und Subsysteme in der Altenpflege. Dies bedeutet, dass in den entscheidenden Managementfunktionen, bzw. in den Entscheidungsfunktionen der Subsysteme durchaus Menschen arbeiten, deren Verhalten bestimmt ist von neurotischen Bedürfnissen und die daher, und dies ist hier unsere Vermutung, komplexitätssteigernd wirken.

Es sind diese Menschen in Führungspositionen, deren handeln angetrieben ist von einem Bedürfnis der Machterlangung und Machterhaltung um seiner selbst willen, also nicht um der Sache Willen. Solche Menschen können die Gesamtbelange und vor allen Dingen die wichtigen Belange des Kerngeschäftes Pflege und Betreuung nicht sehen. Sie sehen nur die Wichtigkeit ihres Bereiches in Verbindung mit ihrer Macht und sie wollen diese mit allen Mittel gegen die Interessen der Pflege durchsetzen. Sie sind selten kompromissbereit, selten koalitionsfähig und selten bereit, ihr Thema konstruktiv in den Gesamtzusammenhang einzubringen. Praktisch heißt dies z. B. dass eine Qualitätsmanagementbeauftragte mit einer auf selbstische Macht angelegten Persönlichkeitsstruktur den Bereich des QM ausbauen und ausweiten und vor allen Dingen zwingend durchsetzen wird, auch wenn dies tatsächlich die Qualität in der Pflege eher behindert, weil der unnötige bürokratische Aufwand gegen die praktischen Bedenken der Pflegevertreter ständig erhöht wird. Sie wird kritische und mahnende Stimmen negieren oder als persönlichen Angriff werten.

Es kann aber auch ein Kreisbranddirektor sein, dem es absolut um eine maximale Durchsetzung der Brandschutzbestimmungen gegen die Interessen des Lebensraumes Altenheim geht.

Ähnliche Wirkungen haben die neurotischen Bedürfnisse nach Anerkennung und Prestige, das Bedürfnis nach Bewunderung sowie das Bedürfnis, andere auszunutzen und zu besiegen. All diese Verhaltensweisen führen dazu, das sich der handelnde Funktionsträger ausschließlich auf sein Fachgebiet konzentriert, dies ausdifferenziert und ausweitet und im Sinne seiner Bedürfnislage kämpferisch gegen andere Interessenlagen durchzusetzen versucht, was entschieden für die Betriebe zu einer Zunahme an Komplexität, d. h. Vermehrung und Verdichtung der Anforderungen führen muss.

Integrierte Persönlichkeiten sind hier wesentlich kompromissbereiter, kooperationswilliger und für die Gesamtbelange außerhalb ihres Fachgebietes zugänglich, sie beschränken sich mit den Ansprüchen ihres Faches auf das Notwendige und können das berechtigte Interesse des Kerngeschäftes der praktischen Pflege und Betreuung als handelndes Tun am Menschen akzeptieren.

Ausgehend von der ersten Vermutung, in der deutlich wurde, dass vor dem Hintergrund einer zunehmenden Verrechtlichung das unregulierte Ineinanderwirken vieler Akteure in den Betrieben der Sozialwirtschaft/Altenpflege eine bedenkliche Zunahme an Komplexität bewirkt und dass das Management zu wenig und zu selten in der Lage ist, komplexitätsreduzierend zu agieren, wird in der zweiten Vermutung deutlich, dass es durchaus am durch neurotische Bedürfnisse geleiteten Handeln der Akteure liegt, dass die Komplexität unreguliert zunimmt.

▶ Ausgewachsene betriebliche Komplexität ist wie ein Gestrüpp, durch das man weder hindurch schauen noch hindurch gehen kann.

3.5 Das Problem der zunehmenden Komplexität in systemischer Sicht

In der heutigen Organisationslehre wird überwiegend davon ausgegangen, dass Organisationen offene Systeme sind, die mit ihrer Umwelt und Umgebung interagieren.

Nachdem wir oben den Prozess der zunehmenden Komplexität in zwei ersten Vermutungen mit dem unregulierten Ineinanderwirken menschlicher Handlungen und mit dem handlungstreibenden Faktor Mensch mit seinen neurotischen Antrieben begründet haben, geht es nun darum, diese Ansätze des Verstehens in den Begründungszusammenhang sozialer Systeme zu stellen. Hierbei werden die Trägerorganisationen und Betriebe in der Altenhilfe als System gesehen, wie auch alle in das System hinein agierenden Subsysteme wie etwa der Brandschutz, die Arbeitssicherheit, die Hygiene oder das Qualitätsmanagement.

In diesen Systemen agieren Menschen in Führungspositionen, die möglicherweise von neurotischen Bedürfnissen angetrieben sind und deren unreguliertes ineinander wirkendes Handeln unter dem Druck einer zunehmenden Verregelung des Sozialbereiches die wesentliche Managementaufgabe der Komplexitätsreduktion vernachlässigt.

3.5.1 Systemtheoretische Erklärung

Organisationen in der Sozialwirtschaft und hier speziell die Pflegeeinrichtungen sind soziale Systeme, die einer typischen Logik und Systematik folgen. Zunächst sind es offene Systeme, die mit ihrer Umwelt interagieren. Die Interaktion erfolgt aber nicht nur von innen nach außen und umgekehrt, sondern auch innerhalb des Systems zwischen einzelnen Teilsystemen. Dabei wirken Veränderungen in einem Teilsystem immer auf die anderen Systemteile ein. „Man kann mit fast absoluter Sicherheit davon ausgehen, dass Veränderungen in einem der Subsysteme mehr oder weniger starke Auswirkungen in allen anderen Subsystemen haben wird." (Bechtel et al. 2010, S. 226) Dabei gibt es anders als in technischen Systemen keinen direkten Ursache – Wirkungs – Zusammenhang. „Völlig anders verhält es sich mit sozialen Systemen, wo das Verhalten der Menschen, die Anzahl und Dynamik der Beziehungsverhältnisse und somit das gesamte in seine Umwelt eingebettete System die Richtung beeinflusst." (Bechtel et al. 2010, S. 226) In sozialen Systemen müssen die Vernetzungen und Zusammenhänge in Bezug auf Problemlösungen immer bedacht werden. In Bezug auf die zunehmende Komplexität ist zu sagen: "Komplexität richtet sich nach den möglichen Zuständen, die ein System durch die Interaktion seiner Teile untereinander und des Ganzen mit seiner Umwelt annehmen kann. Komplexität bemisst sich nach der Varietät der Verhaltensmöglichkeiten, über die ein bestimmtes System verfügt und die es gestalten kann. Ein soziales System, das in seiner Umwelt eine Aufgabe übernimmt, bearbeitet Probleme, die das Systemganze betreffen, und gibt sich nicht unbedingt mit isolierten Teillösungen zufrieden." (Bechtel et al. 2010, S. 226) Bezugnehmend auf Morgan (1997) führt Bechtel weiter aus, dass die Ausprägung der möglichen Komplexität die menschliche Komplexität möglicherweise übersteigt. „Ich glaube, einige der grundlegendsten Probleme, mit denen wir uns auseinandersetzen, beruhen auf der Tatsache, dass die Komplexität unseres Denkens es nicht mit der Komplexität und Differenziertheit der realen

Situationen aufnehmen kann, mit der wir es zu tun haben" (Bechtel et al. 2010, S. 226).

Wir sehen, dass die Altenhilfe als Teil der Sozialwirtschaft im Gesamtsystem von vielen eigenen Teilsystemen durchdrungen ist, die sich gegenseitig auch beeinflussen und aus ihrer Umgebung von den auf das System Altenhilfe einwirkenden Systemen beeinflusst werden.

Dabei sind im System einer Trägerorganisation die einzelnen Pflegeheime autonome Systeme, im Pflegeheim ebenso die Bereiche Verwaltung, Hauswirtschaft oder Pflege und Betreuung. Diese Systeme beziehen sich in erster Linie auf sich selber und suchen in aller Regel für ihre Systemprobleme nach eigenen Lösungen, auch dann, wenn es Gesamtlösungsanordnungen von höherrangigen Systemen gibt. Dies bewirkt nicht nur eine Zunahme an Komplexität, es erklärt auch die zum Teil große Resistenz dieser Systeme gegen Interventionen von außen.

Bei einem mit großen Freiheitsgraden geführten Verbund von Pflegeeinrichtungen mit schwachem Controlling und unzureichender Kontrolle der verbindlichen Regelungen (siehe das negativ Fallbeispiel oben) kann dies zu einem erstaunlichen Wildwuchs von Einzellösungen in den Betrieben aber auch in den Teilsystemen der Betriebe führen, was für die Betriebe zwar die Lösung ihrer Probleme bedeutet, für den Träger aber zu einer Zunahme von Komplexität führt.

In der Systemtheorie gibt es verschiedene Ansätze. Wir beziehen uns hier auf den funktional-strukturellen Ansatz, der entscheidend von Niklas Luhmann ausgearbeitet wurde. In diesem Ansatz wird in radikalisierter Weise davon ausgegangen, dass Systemtheorie notwendigerweise System-Umwelt-Theorie sein muss," denn die Funktion der Systembildung, der Sinn von Systemen, lässt sich nur rekonstruieren, wenn der Bezugspunkt der Analyse außerhalb des Systems selbst liegt: in der Relation zwischen System und Umwelt" (Willke 1987, S. 4).

Bezogen auf die Altenpflege bedeutet dies, das Verhältnis der Träger zu den Pflegeeinrichtungen als System sowie diese zu den sie beeinflussenden Subsystemen (Brandschutz, MDK, Hygiene u. a.), aber auch das Verhältnis der einzelnen Teilsysteme im Pflegeheim (Wohnbereiche, Verwaltung, Hauswirtschaft, Pflege u. a.) zueinander. Zu ihrem Verständnis muss also ihre Relation zu ihrer Umwelt betrachtet werden, wobei die jeweilige Umwelt eben andere Systeme sind. Die Systeme müssen eine Differenz zwischen sich und der Umwelt stabilisieren, zwischen Innen und Außen, sie bilden ein sinnhaftes, symbolisch vermitteltes Regulativ zwischen anfallender und jeweils verarbeitbarer Komplexität. Wenn wir sehen, dass „ Systeme überhaupt nur ihren Sinn (haben) durch die Abgrenzung von einer nicht dazu gehörigen Umwelt" (Willke 1987, S. 4) wird verständlich, dass die Bezogenheit der vielen Systeme, Teilsysteme und Subsysteme in der Altenhilfe ein wesentlicher Grund für die vorfindbare hohe Komplexität ist.

Diese Komplexität müssen Systeme als sinnhaft konstituierte Einheiten unbedingt verarbeiten, wenn sie ihre Ziele und hier vor allen Dingen ihre Ziele in der Umwelt erreichen wollen. Auch hier sehen wir in den Organisationen und Betrieben der Altenhilfe ein großes Problem, denn es gelingt ihnen offensichtlich nicht oder zu selten, Komplexität zu reduzieren. So kann, wie bereits oben erwähnt, die Realisierung von guten Ergebnisqualitäten gefährdet sein, wenn das QM-System Komplexität erhöht statt sie zu reduzieren. Dieses Beispiel macht auch deutlich, dass Systeme für sich selbst ein Problem darstellen können, z. B. wenn sie ihre Ziele nicht erreichen können, weil sie nicht in der Lage sind, Komplexität zu reduzieren.

Soziale Systeme müssen sich daher in hohem Maße mit sich selbst beschäftigen, da sie für sich selbst ein Problem darstellen. Auf diese Tatsache werden wir später noch genauer eingehen und die hier entscheidenden Begriffe der Selbstreferenz und Autopoesie genau ausführen. „Die Grundidee der Theorie der Autopoesie besagt, dass komplexe Systeme sich in ihrer Einheit, ihren Strukturen und Elementen kontinuierlich und in einem operativ geschlossenen Prozess mit Hilfe der Elemente reproduzieren, aus denen sie bestehen." (Willke 1987, S. 6)

In Bezug auf die Kernfrage des Problems der zunehmenden Komplexität in der Sozialwirtschaft/Altenhilfe kann hier schon gesagt werden, dass ein wesentlicher Grund für die unregulierte Zunahme an Komplexität darin zu bestehen scheint, dass zu wenig Führungskräfte sich mit der Struktur und Systematik sozialer Systeme auseinandersetzen und es ihnen mithin an Problembewusstsein und Handlungskompetenz in dieser Sache mangelt.

3.5.2   Sinn als Ordnungsform des Systems Altenhilfe

Ganz allgemein lässt sich sagen, dass symbolische Sinnsysteme und „Sinnwelten" Ordnung schaffen. Sie grenzen systemspezifisch sowohl ein als auch aus.

Die symbolische Sinnwelt bringt Ordnung in die subjektive Einstellung zur persönlichen Erfahrung. Erfahrungen, die verschiedenen Wirklichkeitssphären angehören, werden durch Einbeziehung in ein und dieselbe Sinnwelt integriert. Die „nomische" Funktion, die symbolische Sinnwelten für das individuelle Bewusstsein erfüllen, kann ganz einfach als diejenige bezeichnet werden, die „jedes Ding an seinen rechten Platz rückt". Auf diese und ähnliche Weise ordnet und regelt die symbolische Sinnwelt Alltagsrollen, Prioritäten und Prozeduren und rechtfertigt sie zugleich. (Berger und Luckmann 1969, S. 30).

Nach Max Weber bestehen soziale Systeme nicht aus konkreten Menschen sondern aus Kommunikation, die eine gemeinsame sinnhafte Orientierung wechselseitig verstehbaren Handelns zur Grundbedingung hat. Nach Luhmann beinhaltet Sinn eine selektive Beziehung zwischen System und Umwelt, so dass Sinn in allgemeiner Weise die Ordnungsform sozialen Handelns bezeichnet. „Intersubjektiv geteilter Sinn grenzt System – spezifisch ab, was als sinnvoll und als sinnlos zu gelten hat" (Willke 1987, S. 30).

Sinn hat somit eine ausgewiesene Selektions- und Ordnungsfunktion.

Der Sinn der pflegerischen Tätigkeit ist traditionell und aus seiner Historie her sehr stark in der tätig handelnden Zuwendung zum Pflegebedürftigen begründet. Dem, der der Pflege und Betreuung bedarf, weil er alt, gebrechlich und krank ist und darum sich selbst nicht mehr angemessen und selbständig versorgen kann, wird in allen Belangen seiner Existenz handelnd geholfen. Pflege im Altenpflegeheim grenzt sich hier in seiner Sinnstruktur schon von der Pflege im Krankenhaus ab. Pflege im Heim ist Pflege im Lebenskontinuum des zu Pflegenden und sie findet im letzten Lebensraum des alten Menschen statt. Pflege im Krankenhaus ist Pflege nach operativen Eingriffen und leider nach Einführung der Fallpauschalenregelung immer mehr Funktionspflege.

Die Pflegenden sowohl in der Alten- als auch in der Krankenpflege haben ihre Sinnstruktur in der Vergangenheit sehr stark aus ihrem direkt handelnden Tun, das fachlich als „personenbezogene Dienstleistung" oder als „pflegerische und therapeutische Allianz" angesehen wird, hergeleitet. Schon die Motive zur Ergreifung des Berufes sind in aller Regel sozial und caritativ bestimmt, man will Menschen praktisch helfen und unterstützen. Hier grenzt der leitende Sinn das System der Pflege, bestimmt durch die Haltung der Pflegenden, sich klar ab von anderen Systemen wie etwa der industriellen Produktion, des Einzelhandels oder der gewerblichen Wirtschaft. Auch die großen Wohlfahrtsverbände wie die Caritas, die Diakonie oder die Arbeiterwohlfahrt sind in ihrer historischen Entstehung und Entwicklung als Organisationen von diesem handlungsleitenden Sinn, der sie von anderen Sinnsystemen abgrenzt, deutlich geprägt. Schon die Namen stehen für den Sinngehalt der Organisation: Caritas und Diakonie.

Auch für den Bereich des Managements auf der Ebene der Heimleitungen und Pflegedienstleitungen war diese Sinngebung lange Zeit handlungsleitend. Viele Heimleitungen sahen ihren Beruf wesentlich durch den helfenden Aspekt bestimmt. Der Bezug zu den Bewohnern, die emphatische Zuwendung war wichtigster Bestandteil ihrer Arbeit, deren weiterer Sinn in der handlungsorientierten Organisation des Heimalltags bestand.

Sowohl für die Mitarbeiter in der Pflege und Betreuung als auch für die Heim- und Pflegedienstleitungen war ihr System so deutlich durch einen klaren Sinn bestimmt, der das System nach innen hin definierte und regelte und nach außen eine klare Abgrenzungsfunktion hatte.

Ohne dies an dieser Stelle zu vertiefen, ist es durch die oben beschriebene extreme Verrechtlichung, Bürokratisierung und Ökonomisierung zu einer Auflösung dieser klaren Sinnorientierung gekommen. Immer mehr gesetzliche Regelungen, eine überbordende Bürokratie und letztlich die zunehmend starke wirtschaftliche Prägung haben die Pflegenden immer mehr in die Rolle der „Pflegeverwalter", der „Pflegeprozessbürokraten" gedrängt und damit weggeführt vom handlungsleitenden Sinn pflegerischen Handelns. Wie bereits weiter oben beschrieben, scheint es ein großes Problem für die Sinnstabilität der Pflege zu sein, dass Prinzipien der Wirtschaft (Gewinnmaximierung), der industriellen Produktion (Standardisierung) oder der Verwaltung (Bürokratie) auf diagnostische und therapeutische Prozesse übertragen werden und diese verfremden. Käppeli stellt fest, dass an die Stelle des „therapeutischen Bündnisses" ein Vertragsverhältnis tritt, welches Pflegekräfte zu Leistungserbringern und die Pflege und Behandlung zum Produkt werden lässt. (Käppeli 2006, S. 1221) Diese Entwicklung ist insofern bedenklich, als die Bedeutung des therapeutischen Bündnisses besonders in jenen Situationen von großer Wichtigkeit ist, in denen der Beistand der Pflegenden über das vertraglich geregelte Maß erforderlich ist.

„Die mittlerweile zu beobachtenden vielschichtigen Dysfunktionen im Pflegeprozess sind also durchaus auch darauf zurückzuführen, dass sich der Kernprozess der Pflege zwischen Recht, Bürokratie, Ökonomie, der verwirrenden Vielfalt an qualitätssichernden Maßnahmen und der tatsächlichen Pflegerealität aufreibt. Prioritäten des Kernprozesses, nämlich die individuelle Pflege und die soziale Betreuung der Pflegebedürftigen sind häufig verschoben und wandern an den äußeren Rand des Prozesses. So ist es nicht verwunderlich, dass sich viele Pflegefachkräfte fragen, welcher Stellenwert ihren pflegefachlichen Kenntnissen, praktischen Fertigkeiten und Erfahrungen noch beigemessen wird und welcher Sinn ihre Tätigkeit überhaupt hat" (Expertenkommission BGW 2009, S. 10).

Auch die Heim- und Pflegedienstleitungen sind in diesem Zuge immer weiter vom Kernprozess des Bewohnerbezuges in Richtung einer reinen Managementfunktion gedrängt worden.

Allgemein ist es somit zu einer Sinndiffusion gekommen, d. h. nach einer Sinndefinition von Marquard (Sinn hat etwas, was man versteht, fühlt und das sich subjektiv unbedingt lohnt) hat offensichtlich die Qualität für die Akteure in den Pflegeheimen, den Sinn großer (neuer) Teile ihres Handelns zu verstehen, zu fühlen und ein Bewusstsein des „es lohnt sich unbedingt" zu erleben, deutlich abgenommen. (Marquard 1986) Dies bewirkt natürlich eine Schwächung der Abgrenzungsfähigkeit des Systems Pflege gegenüber anderen Systemen, die in das Pflegesystem hineinwirken.

Diese Systeme wie etwa der Brandschutz oder das Qualitätsmanagement haben diese Schwierigkeiten nicht. Für sie ist ihr Sinn völlig klar, er erfüllt seine Abgrenzungsfunktion und gibt dem System nach Innen Wichtigkeit und Bedeutung, was die Kraft der Einflussname in den Bereich der Altenpflege, dort wo er relevant ist, bedeutend hat zunehmen lassen.

Eine Zunahme an Komplexität ist hier begründet. Zum einen im System der Altenpflege selbst durch die starken komplexitätssteigernden Einflüsse der Gesetze und der Macht der sinnstabilen Subsysteme wie etwa des Qualitätsmanagements. Aber auch die zunehmenden Anforderungen der sinnstabilen Außensysteme wie etwa des Brandschutzes oder der Hygiene fördern im System der Pflege Komplexität. Sie drängen, geleitet von einem sinnstabilen Gefühl ihrer Bedeutung und Wichtigkeit, mit ihren immer umfangreicheren und ausdifferenzierten Forderungen in ein System, das sich nicht abgrenzen und wehren kann, weil es seines tragenden und handlungsleitenden Sinns nicht mehr eindeutig sicher ist.

3.5.3 Komplexität und funktionale Differenzierung in der Sozialwirtschaft/Altenhilfe

Wir haben weiter oben bereits erwähnt, dass sich die Komplexität nach der Varietät der Verhaltensmöglichkeiten bemisst, über die ein System verfügt und die es gestalten kann. Wir haben weiter erste Arbeitsdefinitionen von Komplexität eingefügt und sehr genau beschrieben, wie die zunehmende Komplexität in der Sozialwirtschaft praktisch im Handlungsfeld aussieht und durch was sie bedingt und hervorgerufen ist. Nachdem wir den systembildenden Sinn und die Funktion von Sinn für ein soziales System betrachtet haben, soll nun der Begriff der Komplexität näher beleuchtet und direkt auf die Betriebe der Sozialwirtschaft bezogen werden.

Komplexität ist ein Begriff der Systemtheorie, der das Problem bezeichnet, dass aufgrund bestimmter Entwicklungsbedingungen moderner Gesellschaften viele soziale Verhältnisse nicht mehr einfach und überschaubar, sondern vielschichtig und verwickelt geworden sind.

Dabei nimmt Komplexität zu im fortschreitenden Prozess gesellschaftlicher Arbeitsteilung, funktionaler Differenzierung und den wachsenden Interdependenzen zwischen den Teilen einer Gesellschaft. Aus der Menge der Definitionen und Forschungsansätze zur Komplexität beziehen wir uns hier auf die Definition von Niklas Luhmann, der Komplexität wie folgt definiert: „Als Komplexität soll hier, in erster

Annährung an den schwierigen Begriff, die Gesamtheit der möglichen Ereignisse verstanden werden (...). Der Begriff der Komplexität bezeichnet stets eine Relation zwischen System und Umwelt, nie einen Seinszustand." (Luhmann, 1971, S. 16) Komplexität bezeichnet somit den Grad der Vielschichtigkeit, Vernetzung und Folgelastigkeit eines Entscheidungsfeldes.

Ein typisches Kennzeichen von Komplexität ist, dass es stets mehr Möglichkeiten gibt als aktualisiert werden können.

Eine wichtige Bedeutung bei der Entstehung von Komplexität kommt der funktionalen Ausdifferenzierung sozialer Systeme zu. Die funktionale Differenzierung begründet und treibt quasi die Komplexität. Funktionale Differenzierung heißt, „dass das Ganze nicht mehr aus einer Vielzahl gleicher oder ähnlicher Einheiten wie Familie, Clans oder Gruppen (segmentäre Differenzierung) besteht, sondern aus einer Vielzahl unterschiedlicher, spezialisierter Teile, die voneinander abhängen (biologisches Beispiel: der menschliche Organismus)." (Willke 1987, S. 13) Georg Simmel geht von der Annahme aus, dass die organische Evolution von einer Tendenz zur Kraftersparnis beherrscht wird, die wiederum die soziale Differenzierung hervorbringt. Die Dynamik der Differenzierung erklärt sich daraus, dass ein entwickeltes Wesen „das Plus an Zwecktätigkeit dadurch erreicht, dass es die niederen Funktionen mit einem geringeren Aufwand an Kraft vollbringen und auf diese Weise für die darüber hinausgehenden Kraft gewinnen kann." (Simmel 1890, S. 13) Willke weist darauf hin, dass die meisten systemtheoretischen Denker einen Zusammenhang zwischen der fortschreitenden funktionalen Differenzierung in modernen Gesellschaften und der Zunahme wechselseitiger Abhängigkeiten zwischen den ausdifferenzierten Teilen sehen (vgl. Willke 1987, S. 15).

Abschließend kann an dieser Stelle gesagt werden, dass Komplexität im Zuge gesellschaftlicher Arbeitsteilung, funktionaler Differenzierung und wachsender Interdependenz zwischen den Teilen der Gesellschaft zunimmt.

Beziehen wir diesen Sachverhalt nun auf die Sozialwirtschaft/Altenhilfe, so finden wir hier in den letzten Jahren eine deutlich forcierte Ausdifferenzierung im Kernsystem der Pflege aber auch in Teilsystemen. Weiter oben haben wir als Merkmal einer zunehmenden Komplexität in der Sozialwirtschaft auf die Bedeutung der Verrechtlichung, Bürokratisierung und Ökonomisierung hingewiesen und dies an Beispielen verdeutlicht. Es wird nun unter der Definition von funktionaler Differenzierung deutlich, in welch hohem Maße sich viele Bereiche und Handlungsfelder der Sozialwirtschaft/Altenhilfe in den vergangenen Jahren ausdifferenziert haben und somit komplexitätssteigernd gewirkt haben. Nicht mehr nur das Heimgesetz regelt den Betrieb von Pflegeheimen, es sind dies mit dem Pflegequalitätssicherungsgesetzt und dem Erweiterungsgesetz drei grundlegende Gesetze. Es gibt nicht mehr nur die Überprüfung der Heimaufsicht, sondern auch die Überprüfung des Medizinischen Dienstes und die im Rahmen des Qualitätsmanagements verpflichtenden trägerinternen Audits. Das Qualitätsmanagement hat für viele Ausdifferenzierungen u. a. der Verfahrensanweisungen und der Pflegestandards gesorgt und die Nachweis-und Dokumentationspflichten sehr erhöht. Die Weiterbildung und Qualifizierung des Personals in den Einrichtungen ist durch die Veränderung der Bewohnerstrukturen in Pflegeheimen deutlich differenzierter geworden (Beispiel Demenz, Beatmung u. a.) Es sind dies die spezialisierten Teile, die sich in diesem Prozess herausgebildet haben und voneinander abhängen und aufeinander einwirken, die komplexitätssteigernd wirken. Die Leistungs- und Angebotsprofile der Einrichtungen mussten sich in den vergangenen Jahren durch die demographische Veränderung und unter dem Zwang gesetzlicher Veränderungen deutlich verändern und erweitern. Vollstationäre Dauerpflege, Kurzzeitpflege, Tagespflege, Schwerstpflegestationen, Hospize, Palliativstationen, Pflege für Beatmungs-und Wachkomapatienten, dazu die Angebote des betreuten Wohnens und des Service Wohnens, all dies sind heute gängige Angebote, die es 1995 bei Einführung der Pflegeversicherung noch nicht gab, und die in ihren Folgen für die bauliche Gestaltung der Einrichtungen, die Finanzierung der Leistungen, die vertraglichen Regelungen sowie für die personelle und inhaltliche Führung weitreichende Erweiterungen und Ausdifferenzierungen in Bezug auf Arbeitsorganisation, Personal, Qualifizierung und Qualitätskontrollen hatte.

Das System der Pflege ist direkt beeinflusst von systemischen Einflussgrößen, die immer vielfältiger werden und ineinander verwoben sind: es gibt einen deutlichen Zuwachs Pflegebedürftiger, eine Zunahme älterer Beschäftigter, einen Anstieg der Kompetenzanforderungen, veränderte Bedürfnisse der Pflegebedürftigen, einen Anstieg der Qualitätsanforderungen, heterogene Versorgungsformen, Personalengpässe, Bildung von Verbundmodellen und Kooperationen, eine Differenzierung des Berufsbildes Pflege sowie einen Anstieg berufsbedingter Belastungen.

Komplexität nimmt also zu im Zuge der Ausdifferenzierung der rechtlichen Leitlinien und Durchführungsbestimmungen im Versorgungsbereich der Altenhilfe durch die im Prozess der Umsetzung folgenden Verflechtungen und wechselseitigen Abhängigkeiten der Einzelelemente mit der gegebenen Folgelastigkeit in personeller, qualifikatorischer und durchführungsregulierender und kontrollierender Hinsicht. „In der heutigen Organisationslehre wird überwiegend davon ausgegangen, dass Organisationen offene Systeme sind, die mit ihrer Umwelt, der Gesellschaft und ihrer Umgebung interagieren (von Rostenstel 2003; Morgan 1997; Probst 1993) Die Interaktion erfolgt nicht nur von außen nach innen und umgekehrt, vielmehr bildet die Organisation selber ein Netzwerk von interagierenden Subsystemen."(Bechtel et al. 2010, S. 226) Jede Organisation bildet so eine Menge von Subsystemen, die miteinander interagieren und deren einzelne Probleme immer auf die anderen Systeme Auswirkungen haben werden.

▶   Komplexitätsreduktion erfolgt durch konsequente Kernprozessorientie-
    rung

3.5.4 Selbstreferenz und Autopoesie

Wir haben das Problem der Komplexität in der Sozialwirtschaft bisher mit der funktionalen Ausdifferenzierung und dem Sinn als Grenze versucht aus Sicht der Systemtheorie zu beschreiben. Zum genaueren Verstehen von Komplexität bedarf es aber unbedingt auch der Einführung der Begriffe der Selbstreferenz und der Autopoesie.

Die Selbstreferenz oder Selbstverweisung eines Systems meint vereinfacht, dass ein System seine Grenze zur Umwelt und anderen Systemen benötigt, um alles nicht zum System gehörige auszuschließen und nach innen das Systeminnere ein-zuschließen. „Dadurch entsteht die Möglichkeit der operativen Geschlossenheit eines Systems: ein System wie etwa eine Ehe, ein Klassenzimmer, eine Legislative, eine wissenschaftliche Disziplin oder eine Kirche, definiert für sich selbst diejenige Grenze, die es ihr erlaubt, die eigene Identität nach intern produzierten und prozes-sierten Regeln zu erzeugen und gegenüber einer externen Realität durchzuhalten." (Willke 1987, S. 42) Bezogen auf das Problem der zunehmenden Komplexität be-deutet dies, dass sowohl ein Altenheim ein System ist, das sich ganz auf sich selbst bezieht, dass es aber auch im Altenheim Funktionsbereiche wie die Wohnbereiche, die Küche, die Verwaltung oder der Soziale Dienst als Teilsystem auch sind. Da auch sie versuchen, sich ganz auf sich selbst zu beziehen und sich über ihre Ab-grenzung zu den anderen Teilsystemen oder auch zum Gesamtsystem ihre Identität zu sichern, liegt hier eine wesentliche Ursache nicht nur der Komplexität, sondern gerade auch zu den Schwierigkeiten vieler Einrichtung in Bezug auf die einheitliche Organisationsentwicklung.

Bedenkt man noch, dass auch die ins System Altenheim hineinwirkenden Sy-steme wie Brandschutz, Hygiene, Arbeitssicherheit u. a. diese selbstreferentielle Tendenz haben, wird die Zunahme von Komplexität umso mehr deutlich.

Die Selbstreferenz wird noch verständlicher, wenn man das Konzept der Au-topoesie sozialer Systeme mit bedenkend hinzunimmt. Das von den Biologen Maturana und Varela entwickelte Autopoesie – Konzept bezieht sich auf die Be-obachtung, dass es Systeme gibt, die sich selbst reproduzieren im Sinne einer kontinuierlichen Selbsterzeugung des eigenen Systems. „Autopoetische Systeme sind operativ geschlossene Systeme, die sich in einer „basalen Zirkularität" selbst reproduzieren, indem sie in einer bestimmten räumlichen Einheit die Elemente, aus denen sie bestehen, in einem Produktionsnetzwerk wiederum mit Hilfe der Elemente herstellen, aus denen sie bestehen (Manturana 1982). Etwas vereinfacht ausgedrückt: ein autopoetisches System reproduziert die Elemente, aus denen es besteht, mit Hilfe der Elemente aus denen es besteht." (Willke 1987, S. 43) Das interessante an dieser autopoetischen Tendenz von Systemen ist, dass sie trotz ihrer prinzipiellen Offenheit gegenüber ihrer Umwelt in ihrem Kernbereich und in ihrer inneren Steuerungsstruktur geschlossene Systeme sind. „In der Tiefenstruktur ihrer Selbststeuerung sind sie geschlossene Systeme, also gänzlich unabhängig und unbeeinflussbar von ihrer Umwelt." (Willke 1987, S. 43) Genau dies benötigen Systeme auch, damit sie in der Lage sind, in geeigneter Weise sich ihrer Umwelt zu öffnen. D. h. Systeme benötigen die Selbstreferenz, um ihre eigene Konstituierung organisieren zu können, damit sie als System mit der Umwelt interagieren können. „Die Leitfrage lautet: welche Organisationsform von Organisationen ist erforderlich, um die Kontingenz zufälliger Ereignisse in präzise, erwartbare, strukturierte Prozesse zu verdichten, mithin hochgradig unwahrscheinliche Ereignisse auf ganz bestimmte Pfade zu zwingen und so zu vernetzen, dass spezifische reproduktive oder kreative Zyklen entstehen" (Willke 1987, S. 44).

Das Autopoesiekonzept gewinnt seine Bedeutung, weil es gegenüber der einseitigen Umweltabhängigkeit der Systeme deren interne Strukturdeterminiertheit hervorhebt und betont, dass Systeme vor allen Dingen zunächst ihre eigene Kontinuität sichern müssen, um als System mit der Umwelt in Beziehung treten zu können.

Was bedeutet dies nun für die Systeme in der Altenhilfe?

Wir haben schon weiter oben angedeutet, dass wir diese selbstreferentielle Tendenz auf allen Ebenen vorfinden. Ein Altenheim bezieht sich zumeist als System auf sich selbst und grenzt sich so von seiner Umwelt, also z. B. anderen Heimen, anderen Betrieben u. a. ab. Im Heim selbst bezieht sich der Küchenbereich genauso wie ein Wohnbereich zuerst auf sich selbst.

Dies ist typisch und schafft für die Entwicklung der Organisation ernste Probleme in der einheitlichen Steuerung und Führung der Gesamtorganisation. Es steigert die Komplexität in der Weise, das jedes System sich auf sich selbst zu beziehen versucht und gerade auch nach eigenen Verfahrensweisen und Problemlösungen sucht. Gibt es keine geeignete Steuerung der Systeme durch die Gesamtleitung, so werden im System Pflegeheim alle Teilsysteme selbstreferentiell den eigenen Bestand zu sichern trachten.

Wir haben dies weiter oben schon in den Fallbeispielen zweier Träger von Pflegeeinrichtungen für das Qualitätsmanagement beschrieben, das, wird es nicht von der Geschäftsführung in regulierender Weise gesteuert, sich als System ganz auf sich bezieht, sich zu sichern und auszubauen versucht. Ähnliches kann man in nicht regulierten Strukturen von Verbundsystemen von Pflegeeinrichtungen vorfinden. Auch dies haben wir oben an zwei Beispielen verdeutlicht.

Auch die in den Bereich der Altenhilfe hineinwirkenden Systeme des Brandschutzes oder des Qualitätsmanagements unterliegen der selbstreferentiellen Tendenz. So haben wir die Situation vieler unterschiedlicher Bereiche, die sich als soziale Systeme zuerst auf sich selbst beziehen, sich ihre Identität, Legitimation und Wichtigkeit besonders durch ihre Ausweitung und Abgrenzung zu anderen Systemen erwerben.

3.5.5 Steigerungsimperativ, Zukunftsorientierung und Zeitverknappung

Soziale Systeme unterliegen nun noch einer ganz besonderen Dynamik. Es sind dies die in der Systemtheorie beschriebene Steigerungsformel, die Zukunftsorientierung und die Zeitverknappung. Die Steigerungsformel beschreibt die Tendenz sozialer Systeme, gegenwärtige Zustände und Leistungen potentiell als unzureichend zu erleben, da immer eine Verbesserung und Steigerung des Gegenwärtigen möglich sei. Diese Formel beschreibt auch die für die Ausweitung der Komplexität wichtige Tendenz des nur schwer durch systemeigene Kräfte zu bremsenden Wachstumswillens von Systemen. Luhmann weist darauf hin, dass es Funktionssystemen bisher nicht gelungen ist, ihr Wachstum selbst zu kontrollieren. (Luhmann 1971, S. 121) „In die jeweiligen Funktionsperspektiven ist ein Steigerungsaspekt eingebaut." Wir können diese Bewegung an vielen Beispielen in der Altenhilfe verfolgen, haben dies oben am Beispiel eines überbordenden und unregulierten QM-Systems verdeutlicht, können dies aber auch in der ungebremsten Entwicklung der Hygiene- und Brandschutzsysteme sehen. Der Steigerungsimperativ ist aber auch der ökonomischen Entwicklung in Altenpflegebetrieben zu eigen. Es kann quasi immer noch mehr und besser gehen, als gegenwärtig praktiziert, und das System bzw. seine Vertreter können immer auch noch mächtiger werden. Konkurrenz, Leistung und Steigerung sind Merkmale moderner Leistungsgesellschaften. Der Wachstumsimperativ durchdringt auch den Sozialbereich und hat mit der Einführung der Transparenzkriterien in der Altenhilfe eine neue Öffentlichkeit bekommen. Die Bewertung und der Rangplatz sind transparent, werden in den Betrieben und im Internet veröffentlicht, sind inhaltliche Verpflichtung zur Verbesserung, Steigerung der Leistung oder zum Erhalt.

Der Steigerungsimperativ ist auch z. B. Wesensmerkmal des Systems der Pflegestufen, treibt die Betriebe aus wirtschaftlichen Notwendigkeiten dazu, die Gesamtbelegung beständig zu steigern und vor allen Dingen den Anteil der wirtschaftlich interessanten Stufe III.

Der Steigerungsimperativ ist allgegenwärtig und setzt sich gegen alle anderen Sinngebungen durch. Er ist stark vom Bewusstsein der „offenen Zeit" geprägt, in der Gegenwart zunehmend an Bedeutung verliert gegenüber dem zukünftig Möglichen.

„Die hohe Bewertung der Zukunft bestimmt die Bewertung der anderen Zeitmodalitäten und Vergangenheit und Gegenwart. Da ständig Neues und Neuerungen für zukünftige Steigerungen produziert werden, beginnen Vergangenheit, Gegenwart und Zukunft sich nicht mehr zu gleichen. Geschichte wird einmalig und irreversibel. Damit verliert sie ihre verbindliche Orientierungskraft für Komplexitätsreduktion." (Becker 1987, S. 29)

Die offene Zeit, d. h. die Zukunft ist der Raum, in den sich der Steigerungsimperativ hin entwickelt. Potentiell ist zukünftig immer mehr und anderes möglich als gegenwärtig praktiziert wird. Das zukünftig Mögliche bestimmt das Gegenwärtige. Diese Grundhaltung lässt Gegenwart prinzipiell als defizitär erlebbar werden, hat eine enorme Beschleunigung und Tempoerhöhung aller Prozesse und damit auch eine Zunahme von Komplexität zur Folge.

Prospektives Denken und Handeln sind nicht nur im Bereich der gesetzlich vorgegebenen wirtschaftlichen Planungen notwendig, sie bestimmen auf Grundlage demographischer Entwicklungslinien u. a. die Bauvorhaben von Altenheimen und die Marktentwicklung in der Altenhilfe.

▶ Der Wachstumsimperativ und die Entwicklung von Komplexität gehören zusammen.

3.6 Dritte Vermutung

Zunächst wollen wir an dieser Stelle die ersten beiden Vermutungen nochmals kurz beschreiben, bevor wir die dritte Vermutung hier ausführen. Unsere erste Vermutung ging von dem Ansatz Norbert Elias aus, das sich im historischen Prozess gesellschaftlicher und zivilisatorischer Entwicklungen durch das unregulierte Ineinanderwirken des Handelns vieler Menschen Dinge ereignen, die keiner der Beteiligten und Betroffenen in der Form gewollt und beabsichtigt hat. Wir haben dies für den Bereich der Altenpflege mit der enormen Verrechtlichung, Bürokratisierung und Ökonomisierung beschrieben und begründet. In der zweiten Vermutung wurde mit Karen Horney aus psychoanalytischer Sicht verdeutlich, welche Bedeutung der Mensch in seiner Integriertheit oder Desintegriertheit in diesem Prozess handlungstreibend komplexitätsbeschleunigend oder reduzierend gewinnt.

Unsere dritte Vermutung bezieht sich auf Gründe der Zunahme von Komplexität in sozialen Systemen. Hierbei wurde die Bedeutung der funktionalen Differenzierung, des Sinns und seine Bedeutung für die Grenzziehung von sozialen Systemen sowie die Selbstreferenz auf Grundlage der Systemtheorie beschrieben.

Die funktionale Differenzierung haben wir mit der Verrechtlichung und Bürokratisierung beschrieben und u. a. am Beispiel der bedenklichen Wirkung schlecht organisierter Qualitätsmanagementsysteme begründet. Es gibt nicht mehr eine Regelung, sondern viele, es gibt nicht mehr ein Pflegeverfahren sondern eine Vielzahl von Standards und im Sinne des QM eine Vielzahl von Überprüfungen, Dokumentationen und Durchführungsbestimmungen. Alles dies weist die funktionale Differenzierung in der Pflege nach, mit der Gefahr, dass jedes System sich mehr mit sich und seinem Erhalt beschäftigt als mit seiner zentralen Handlung und Aufgabe.

Das aktuelle Beispiel des neuen Berufsbildes „Projektmanager niederschwellige Dienste" soll dies hier nochmals verdeutlichen.

„Unter niederschwelligen Betreuungsangeboten versteht man laut SGB XI Betreuungsangebote, in denen Helfer unter fachlicher Anleitung die Betreuung von Pflegebedürftigen in Gruppen oder im häuslichen Bereich übernehmen sowie pflegende Angehörige entlasten und beratend unterstützen". Zielgruppe sind vorwiegend Pflegebedürftige mit Demenzerkrankungen, geistiger Behinderung oder psychischer Erkrankung, die einen erheblichen allgemeinen Pflegebedarf in der häuslichen Pflege haben. (Contec 2011, S. 2) Die so in dem Newsletter der Beratungsfirma CONTEC beschriebene neue gesetzliche Leistung entsprechend SGB XI, § 45 c wirbt für das neue Berufsbild des Projektmanagers und tut dies natürlich sehr geschickt für die eigene Beratungsleistung bei der Implementierung dieser Stellen mit entsprechender Begründung für die Sinnhaftigkeit dieser funktionellen Ausdifferenzierung. „Aufgrund des vielfältigen und stetig wachsenden Angebotsspektrums im Bereich der niederschwelligen Dienste, wird es zukünftig beinahe unerlässlich für diesen Bereich, die Stelle eines Projektmanagers zu schaffen, welcher für die strukturierte Projektplanung und konzeptionelle Entwicklung verantwortlich ist." (Contec 2011, S. 2) Die Aufgaben des Projektmanagers umfassen den Aufbau und die Begleitung niederschwelliger Angebote in der Region, die Erweiterung des Dienstleistungsspektrums ambulanter Dienste, die Analyse des Marktes hinsichtlich möglicher Kooperationen und potentieller Kunden sowie die Herstellung eines Kontaktes zu möglichen Kooperationspartnern zur Weiterentwicklung flächendeckender Vernetzungsstrukturen.

Wir haben hier also die Situation, dass durch die Einführung einer neuen gesetzlichen Bestimmung Anforderungen entstehen, die zum Entwurf eines neuen Berufsbildes führen. Bisher übernahmen die beschriebenen Aufgaben Sozialstationen, die ambulanten Dienste sowie die sozialen Dienste der stationären Pflegeeinrichtungen. Die Schaffung des Berufsbildes des Projektmanagers soll sicherlich im Sinne der Transparenz des Angebotes und der Kundenorientierung eine bessere Qualität schaffen. Tatsächlich wird aber zusätzlich zu bestehenden und meist funktionierenden Beratungsstrukturen eine neue Beratungsinstanz geschaffen, was möglicherweise eher eine Erschwerung der Informationsgewinnung für die Kunden ist, da sich die Komplexität der Beratungssituation durch eine zusätzliche Beratungsinstanz tatsächlich erhöht hat.

In Bezug auf Sinn als Ordnungsform sozialer Systeme und die Selbstreferentialität derselben kommen wir zu der Vermutung, dass im Bereich der Sozialwirtschaft/Altenhilfe auch hier Prozesse der Steigerung von Komplexität vorliegen. Dies sowohl im System der Altenhilfe als auch in denen der Subsysteme und der benachbarten Systeme. Jedes System grenzt sich durch seinen nach innen gerichteten Sinn von anderen Systemen und Teilsystemen ab, schafft so eine eigene Ordnung und sichert seine Bedeutung. Am Beispiel des Projektmanagers niederschwellige Dienste wird der Zusammenhang deutlich: durch funktionelle Differenzierung bildet sich ein neues Aufgaben- und Berufsfeld, das sich wesentlich erst einmal auf sich, seine Aufgaben und seinen Bedeutungsgewinn konzentriert und Sinn als Abgrenzung zu anderen Systemen bildet und stärkt, um als System angenommen und wachsen zu können Dies gelingt besonders dadurch, dass sich das System nur auf sich, seine Wichtigkeit, Funktion und Aufgabe bezieht.

Unsere dritte Vermutung fassen wir wie folgt zusammen: im System der Altenhilfe bilden sich im Zuge funktioneller Differenzierung zahlreiche Teilsysteme, Subsysteme und Einflusssysteme, die sich wesentlich selbstreferentiell auf sich selbst beziehen und ihren Sinn als Ordnungsform und Grenze stabilisieren. All diesen Systemen und Teilsystemen und Sub-/Einflusssystemen wohnt ein Steigerungsimperativ inne, der ihren Wachstumswillen begründet und dies entscheidend in die offene Zukunft hinein bei immer größerem Zeitdruck entwickelt. Eine enorme Verdichtung und differenzierte Verflechtung, d. h. eine zunehmende Komplexität im System der Altenhilfe ist die Folge.

Literatur

Bechtel, P., Friedrich, D., & Kerres, A. (2010). *Mitarbeitermotivation ist Lernbar*. Berlin: Springer.

Becker, P. (1987). *Steigerung und Knappheit. Zur Kontingenzformel des Sportsystems und ihren Folgen*. Rowohlt Verlag, Reinbeck.

Berger; Luckmann (1969): In: Willke, H. (1987) (Hrsg.), Systemtheorie: Eine Einführung in die Grundprobleme. Stuttgart: Fischer.

Contec, M. (März 2011). *Berufsbild Projektmanager niederschwellige Dienste*. Newsletter.

Elias, N. (1979). *Über den Prozess der Zivilisation. Soziogenetische und psychogenetische Untersuchungen* (Bd. 2.). Berlin: Suhrkamp.

Expertenkommission BGW. (2009). *Pflege raus aus dem Abseits, Positionspapier III*.

Höhmann, U. (2009). Ambivalente Folgen des Qualitätsentwicklungsaktivismus in Einrichtungen der stationären Altenhilfe. *Pflegen*, (2/3), 13–15.

Horney, K. (1978). In C. Hall & L. Gardner. *Theorien der Persönlichkeit* (Bd. 1.). München: Beck.

Käppeli, S. (2006). Das therapeutische Bündnis in Medizin und Pflege – wie lange noch? *Schweizerische Ärztezeitung, 87*(26), 1222–1225.

Luhmann, N. (1971). In: Willke, H. (1987) (Hrsg.). Systemtheorie: Eine Einführung in die Grundprobleme. Stuttgart: Fischer.

Malik, F. (2006). *Führen – Leisten – Leben. Wirksames Management für eine neue Zeit*. Frankfurt a. M.: Campus.

Marquard, O. (1986). Zur Dialektik der Sinnerwartung. In O. Marquard (Hrsg.), *Apologie des Zufällige*. Stuttgart: Reclam Philipp Jun.

Miller, K. de V. (1995). In M. Becker (Hrsg.), *Personalentwicklung*. Stuttgart: Schäffer-Poeschel.

Peak, D., & Frame, M. (1995). *Komplexität – das gezähmte Chaos*. Basel: Birkhäuser.

Pitcher, P. (2008). *Das Führungsdrama. Künstler, Handwerker und Technokraten im Management*. Stuttgart: Schäffer-Poeschel.

Simmel (1890). In: Systemtheorie: Eine Einführung in die Grundprobleme. Stuttgart: Fischer.

Willke, H. (1987). *Systemtheorie: Eine Einführung in die Grundprobleme*. Stuttgart: Fischer.

Komplexitätsbewältigung als zentrale Managementaufgabe

4

Die Bewältigung betrieblicher Komplexität muss als eine der wesentlichen Aufgaben des Managements in der Altenhilfe angesehen werden. Geht es im Bereich des Managements auf der Ebene der Geschäftsführung, der Heim – oder Pflegedienstleitung in der Regel um die Organisation, Planung, Steuerung, Entwicklung und Entscheidung i. B. auf die organisatorischen oder institutionellen Aufbau- und Ablauforganisationen, so ist in einer sich immer komplexer entwickelnden Pflegewelt die Bewältigung eben dieser Komplexität von immer größerer und zentraler Bedeutung, damit überhaupt in effizienter Weise organisiert, entwickelt und gesteuert und entscheidend gepflegt werden kann. Komplexität steht dem obersten Ziel von Management, der Erzielung von Resultaten bei größter Effektivität und Effizienz (vgl. Malik 2006, S. 84) als sein größtes Hemmnis entgegen und muss darum zuallererst bewältigt werden. Hieraus folgert auch, dass die Strategien zur Bewältigung von Komplexität in ihrer organisationsentwickelnden Initiierung immer von oben nach unten hin (top-down) durch das Management entwickelt und durchgesetzt werden müssen. Dies setzt voraus, dass das Management für das Problem der Komplexität sensibel ist, die Systematik der Komplexitätsentwicklung versteht und über entsprechende Werkzeuge zur Komplexitätsreduktion verfügt und sie auch anwenden kann.

Die hier gewählte Form der Erfassung des Problems der Komplexitätsentwicklung in der Sozialwirtschaft mit drei Vermutungen zu den Entstehungsgründen, die ineinander wirken und die Dynamik der Komplexitätsentwicklung entscheidend ausmachen, ist das besondere und eigene dieser Arbeit. Aus ihr wird im Folgenden eine typische Systematik der Komplexitätsentwicklung begründet und eine entsprechende Anforderung an das Management und seine Handlungskompetenzen entwickelt, mit der es zu einer nachhaltigen Reduktion von Komplexität in den Betrieben und Organisationen der Sozialwirtschaft kommen kann.

T. Behr, *Komplexitätsbewältigung in Betrieben der Sozialwirtschaft*,
DOI 10.1007/978-3-658-05670-4_4, © Springer Fachmedien Wiesbaden 2014

4.1 Schlussfolgerungen zur Komplexitätsentwicklung in der Sozialwirtschaft/Altenpflege

Wir hatten die Vermutungen im Sinne des Gebrauchs bei C. Geertz gewählt, um über die dichte Beschreibung von typischen Situationen in den Betrieben der stationären Altenhilfe eine Annäherung an die Gegebenheiten in der Altenhilfe i. B. auf das Problem der Komplexitätsentwicklung zu erreichen. Dabei war ein Mittel zur Grundlegung der Vermutung die Darstellung von Beispielen dichter Beschreibungen, die einerseits den Arbeitsalltag von Menschen (Heimleitung, Pflegedienstleitung) und andererseits die Prozesse in Organisationen (Organisationen der Wohlfahrtspflege) unter der Bedingung zunehmender Komplexität beschrieben.

Ausgehend von den ausgeführten drei Vermutungen zur Komplexitätsentwicklung und Komplexitätsentstehung sollen im Folgenden Schlussfolgerungen formuliert werden.

Entscheidend ist die Annahme, dass die Zunahme von Komplexität durch die drei beschriebenen Antriebskräfte entsteht, die durch ihr Ineinanderwirken unter unterschiedlichen Gewichtungen ihrer Anteile die Entstehung und Zunahme von Komplexität ausmachen. Es gehören immer alle drei Anteile zu dieser Bewegungsdynamik, es können aber die Gewichtungen unterschiedlich sein und die entscheidenden Antriebe durch die Kraft eines Antriebsfaktors entscheidend forciert werden.

Das Bemerkenswerte ist, dass die Beschreibung und Erklärung der Entstehung und Entwicklung von Komplexität selbst beständig in der Gefahr ist, selbst komplexe Züge zu tragen. Wenn die Erklärung und das Verständnis von Komplexität selbst komplex ist, dann braucht es eine Vereinfachung, um eben dieses Verstehen zu ermöglichen und auch in ein Handeln umsetzen zu können.

Komplexität in der Sozialwirtschaft entsteht und wird befördert nach unserer Betrachtung durch das Ineinanderwirken dreier Antriebskräfte, die wir in Kap. 2 beschrieben haben:

1. Die Verflechtungsdynamik: Die von N. Elias für den Zivilisationsprozess beschriebene Dynamik der unabhängigen gesellschaftlichen Kräfte und Interessen, die in ihrem Zusammenwirken zu Ergebnissen führen, die kein Einzelner der Handelnden beabsichtigt und gewollt hat. Wichtig hier: Die Verflechtungsdynamik der Einzelprozesse und der Einzelhandlungen führt in seinem ungeordnetem Zusammenwirken zu von jedem Einzelnen nicht gewollten Gesamtergebnissen.

So wie es N. Elias schreibt: „Diese fundamentale Verflechtung der einzelnen, menschlichen Pläne und Handlungen kann Wandlungen und Gestaltungen herbeiführen, die kein einzelner Mensch geplant und geschaffen hat. Aus ihr, aus der Interdependenz der Menschen, ergibt sich eine Ordnung von ganz spezifischer Art, eine Ordnung, die zwingender und stärker ist, als Wille und Vernunft der einzelnen Menschen, die sie bilden. Es ist diese Verflechtungsordnung, die den Gang des geschichtlichen Wandels bestimmt; sie ist es, die dem Prozess der Zivilisation zugrunde liegt." (Elias 1979, S. 314)

Es ist somit wichtig, die eigentümliche Verflechtungsordnung menschlicher Handlungen in der Altenhilfe und im Krankenhauswesen, die Verflechtung zwischen Kostenträgern, Kontrollinstanzen, Trägerorganisationen, Einrichtungen, Funktionsbereichen und Dienstleistern zu betrachten, will man Komplexität verstehen.

2. Der handelnde Mensch: Der Faktor Mensch in seiner integrierten oder neurotischen Verfasstheit, der als Handelnder in diesen dynamischen Prozessen in Abhängigkeit seiner psychischen Antriebe in eher komplexitätsfördernder oder hemmender Weise agiert.

In der Verflechtungsordnung ist es das nicht integrierte menschliche Handeln, was Komplexität antreibt. So wie es K. Horney ausführt (Horney 1951, 1964) sind es u. a. die neurotischen Bedürfnisse nach Anerkennung, Macht, Sieg und Überlegenheit, Bewunderung, Leistung, Perfektion und Unangreifbarkeit, die menschliches Handeln stark bestimmen und unseres Erachtens dazu führen, dass sich gerade die funktionale Ausdifferenzierung, die selbstreferentielle Wichtigkeit von Organen (MDK) und die Durchsetzungsdominanz von Funktionen und Prozessstandardisierungen (QMB, QB) durch diese Antriebe erheblich ausweiten.

3. Die Systeme: Das systemische Ganze mit seinen systemischen Gesetzmäßigkeiten, in dem die funktionale Ausdifferenzierung, die Selbstreferenz, die Sinnbestimmtheit und die Steigerungsorientierung in sozialen Systemen komplexitätsfördernd ist.

Organisationen werden als offene Systeme verstanden, die mit ihrer Umwelt interagieren. „Von Rosenstiel und Comelli (2003) nutzen die Metapher des Spinnennetzes: Zieht man an nur einem Faden des Spinnennetzes, verändert sich das gesamte Netz." Übertragen auf die Organisationsrealität bedeutet dies, dass einzelheitliches ebenso wie lineares und einfaches Kausaldenken für die Lösung oder Bewältigung komplexer Zusammenhänge nicht mehr ausreichen können. „Weder kann man in komplexen Systemen sicher sein, das die Ursache für ein in einem Subsystem auftretendes Problem dort auch tatsächlich seinen Ursprung hat und nicht eher an anderer Stelle verursacht wurde, noch kann man davon ausgehen, dass, wenn man in ein Subsystem interveniert, diese Intervention auf diesen Bereich beschränkt bleibt. Man kann mit fast absoluter Sicherheit davon ausgehen, dass Veränderungen in einem der Subsysteme mehr oder weniger starke Auswirkungen in allen anderen Subsystemen haben werden." (Bechtel et al. 2010, S. 226)

Die Verflechtungsdynamik und das Ineinanderwirken des Handelns vieler und unterschiedlicher Menschen und Gruppen in Abhängigkeit ihrer Interessen führt gerade dann zur eigentlich von allen nicht gewollten Komplexitätszunahme, wenn die handlungtreibenden Menschen in ihrer Persönlichkeit nicht integriert, also z. B. neurotisch gestört sind, also durch zwanghaftes und übertriebenes Macht und Geltungsbegehren ihr Handeln bestimmen und nicht durch das inhaltlich bestimmende der Sache und sie so soziale Systeme in ihrer Selbstreferentialität, funktionalen Ausdifferenzierung und Steigerungsmentalität provozieren und sinnbegründet gegen andere Systeme abgrenzen.

Es ereignet sich dann, getrieben von Macht und Geltungsstreben eine enorme Ausdifferenzierung vorhandener Strukturen mit ausschließlicher Bezogenheit auf die eigene Wichtigkeit und Bedeutung bei in der Regel deutlich beschleunigtem Tempo der Prozesse. Verdichtung der Prozesse in ausdifferenzierten Strukturen bei großer Beschleunigung des Prozesstempos sind typische Merkmale dieser Situation, die Komplexität ausmacht und bestimmt. An den Ergebnissen leiden in der Regel alle Beteiligten und einzeln angesprochen wollen sie diese Situation auch nicht.

Wir können diesen Vorgang von der kleinsten Einheit im Pflegeheim, einem Wohnbereich oder dem Küchenbereich, im Pflegeheim als Gesamtsystem, in Trägerorganisationen, im Gesamtsystem der Altenhilfe als auch in jedem der beteiligten Sub-und Teilsysteme wie etwa dem Brandschutz, dem Hygienewesen, der Heimaufsicht oder dem Medizinischen Dienst nachweisen, als auch im Zusammenwirken all dieser Systeme sehen. In den Beispielen, die in Kap. 2 angeführt wurden (Personenbeispiele HL/PDL als auch die Organisationsbeispiele), ist dies anschaulich beschrieben worden. Die Systematik wird in aller Regel in ihrer Dynamik von oben nach unten vermittelt und verbreitet sich dann auf der jeweiligen Ebene horizontal weiter aus. D. h. genauer über Gesetze und Verordnungen, Ämter und Aufsichtsbehörden, Trägerorganisationen, Dienstleister, Pflegeheime und darin in den Funktionsbereichen. In jedem System wirkt die gleiche Systematik genau wie im Zusammenwirken der einzelnen Systeme, d. h. in je spezieller Weise der Verflechtungsdynamik wirkt sich in den Systemen mit ihren typischen Merkmalen der funktionellen Differenzierung, der Tendenz zur Selbstreferenz und zur Steigerung immer menschliches Verhalten komplexitätssteigernd oder komplexitätsregulierend aus.

Wir verdeutlichen dies am Beispiel der Einführung und Umsetzung des Qualitätsmanagements im Beispiel der Organisation A aus Kap. 2 und beziehen die sich daraus ergebenden Überprüfungen der Betriebe mit ein.

Die Ausgangslage ist die verbindliche Verpflichtung für die Betriebe in der Altenhilfe, ein Qualitätsmanagementsystem einzuführen. Diese Verpflichtung ist in § 80 SGB XI geregelt.

Die Aufsichtsorgane der Heimaufsicht und des Medizinischen Dienstes entwickeln Kontroll-und Überprüfungssystematiken entsprechend der QM–Maßstäbe. Vor diesem Hintergrund entscheidet die Geschäftsführung des Trägers, ein QM-System in die Organisation zu implementieren. Er beauftragt damit die Leitungen der Fachbereiche. Diese schaffen die Stelle der Qualitätsmanagementbeauftragten. In den Betrieben werden Mitarbeiter als Qualitätsbeauftragte bestimmt (ohne von der Arbeit freigestellt zu sein) und direkt der verantwortlichen Heimleitung unterstellt. Auf oberster Ebene gibt es eine Lenkungsgruppe (GF, BL, QMB u. a.) QM und darunter eine Steuerungsgruppe (leitende HL, PDL, soz. Dienst u. a.). Im Denken um Standard und Verfahrensanweisungen orientieren sich die Mitglieder dieser Gruppen u. a. an den Forderungen der Systeme, die von außen auf den Betrieb der Pflegeheime einwirken oder direkt Prozesse mitbestimmen, d. h. die Ansprüche des Brandschutzes, der Hygiene, der Arbeitssicherheit oder der Sicherheit der Medizinprodukte und formulieren die Qualitätsansprüche ihrer Organisation für Strukturen und Prozesse entsprechend der Anforderungen der DIN ISO und der verbandlichen Qualitätsrichtlinien.

Die Verflechtungsordnung des Handelns der Menschen in den unterschiedlichen Sach– und Interessengruppen in den einzelnen Systemen führt zu einer Dynamik der Ausdifferenzierung und Selbstreferentialität der Systeme, die kein einzelner der betroffenen Akteure so gewollt hat. Im Ergebnis entsteht aber eine Komplexität, die sich in einem immer dichteren Gewirr von Standards und Verfahrensanweisungen in den jeweiligen Erstellungsfassungen in die Betriebe hinein ergießt, dort in einem zeitlich aufwendigen Prozess eingeführt, zu Kenntnis genommen und (über Fortbildungsveranstaltungen) umgesetzt werden müssen. Mit diesem Vorgang einher geht die regelmäßige Überprüfung der Standards in trägereigenen Audits und die Vorbereitung der Regelüberprüfungen der Aufsichtsbehörden MDK und Heimaufsicht. In den Pflegeheimen kommt es so zu jährlichen vier Prozessaudits, ein Systemaudit des Trägers, die Kontrolle der Heimaufsicht und des MDK sowie zu insgesamt weiteren 8 Prüfungen aller Betriebsbereiche. Maßstab der Überprüfungen ist nicht nur der Prüfkatalog der jeweiligen Prüfinstanz, sondern entscheidend der im QM-System festgeschriebene ausdifferenzierte und hohe Qualitätsanspruch des Trägers. Am 24.3.2009 geht in einem Betrieb des Trägers ein Rundschreiben der QB an alle Bereiche, mit der Bitte um Austausch bzw. Neueinführung von 21 Dokumenten, Standards und Verfahrensanweisungen. Zum Teil sind es Dokumente in der ersten Fassung, ein großer Teil aber auch Dokumente in der dritten und vierten Fassung. In jedem der vier Wohnbereiche und der übrigen Funktionsbereiche vollzieht sich nun zum wiederholten Male das gleiche Verfahren: die Leitung des Bereiches muss die alten Dokumente im Qualitätshandbuch gegen die neuen austauschen, in der nächsten Teamsitzung den Mitarbeitern zur Kenntnis bringen und durch Unterschrift die Kenntnisnahme absichern. Da sich durch die neuen Dokumente auch Prozesse und Handlungsschritte ändern, müssen Unterweisungen und Schulungen durchgeführt werden. Dies erfordert einen beträchtlichen Zeitaufwand und führt zu zusätzlichen Überstunden aber auch, gerade bei Verfahren in der dritten und vierten Änderung zu erheblichen Verunsicherungen der Mitarbeiter. Die Dichte der geregelten Prozesse und Verfahren nimmt beständig zu, was auch zu einer größeren Belastung bei den internen und externen Überprüfungen führt, da sie nun auch Gegenstand der Überprüfung sind. Die QB unterschreibt ihren Rundbrief an die Funktionsbereiche des Heimes mit den Worten: „Mitfühlende Grüße aus dem QB Büro"

An diesem Beispiel können wir exemplarisch die Dynamik der Verflechtungsordnung und die sich daraus ergebende Komplexitätssteigerung erkennen und schließen in unserer zweiten Schlussfolgerung, dass es unbedingte Einfluss- und Steuerungsmöglichkeiten zur Komplexitätsreduktion durch das Management gibt, die aber bestimmte Anforderungen an das Management stellt.

▶ Komplexe Systeme haben nur eine begrenzte Lebenszeit. Irgendwann
  kommen sie an die Grenze ihrer Ausdifferenzierung, die ihnen die Luft
  zum Atmen nimmt.

4.1.1 Eingriffe am Interventionspunkt

Tatsache ist, dass sich komplexe Strukturen und komplexe Abläufe durchaus reduzieren und eingrenzen ließen, wenn die Führungskräfte auf allen Ebenen in einem ausgebildeten Bewusstsein für das Problem der Komplexität am Interventionspunkt eingreifen würden.

Die Bedeutung des Interventionspunktes, zu dem auch der Faktor der richtigen Interventionszeit gehört, kennen wir aus der Arbeit von Rosenbaum zur Vermeidung von Insolvenzen. Rosenbaum beschreibt, dass es durchaus frühzeitig deutliche Zeichen für eine mögliche Insolvenz gibt, dass aber das Management nicht selten diese Zeichen ignoriert und übersieht, um dann quasi schockartig vor die Situation der Zahlungsunfähigkeit gestellt zu sein, in der ein die Krise abwendendes Handeln nicht mehr oder nur noch sehr schlecht möglich ist. (Rosenbaum 2003, S. 125) Ähnlich ist es in Bezug auf die Eindämmung der Komplexität. Die Anzeichen einer ungesunden Zunahme der Komplexität sind dem aufmerksamen Betrachter frühzeitig erkennbar (z. B. eine im QM Verfahren übermäßige Zunahme von Formblättern, Durchführungsnachweisen u. a.). Voraussetzung dafür ist, dass es dem Management klar ist, was die zielführenden Kernprozesse des betrieblichen Handelns sind. In Pflegeberufen ist der Kernprozess die tätige Pflege und Betreuung am Menschen, nicht aber die Verwaltung dieses Kernprozesses. Heimleitung und Pflegedienstleitung müssen also alles dafür tun, dass dem tätigen Handeln der Vorrang vor dem Verwaltungshandeln in der Pflege zukommt.

Das Wesen des Interventionspunktes ist der Wille zur Begrenzung, dem natürlich die genaue und sensible Beobachtung der Entwicklung von Prozessen und strukturellen Veränderungen vorgelagert ist und dem eine Entscheidung, was reduziert, eingedämmt oder nicht umgesetzt werden soll, folgen muss. Auch die Frage nach dem Sinn von Arbeitsabläufen oder Dokumenten ist an dieser Stelle zu stellen. Entscheidend bleibt, dass der Betrachtung und Bewertung auch eine verändernde Handlung folgt. Überflüssiges muss hier im Interventionsbereich von Notwendigem getrennt werden, Sinnvolles von Sinnlosem, Effizientes von Ineffizientem. Entscheidend bleibt die Frage nach der Kernprozessorientierung, d. h. die Frage, welchen Nutzen ein Prozess oder ein Dokument für die Effektivität und Produktivität im Kernprozess besitzt. Im Interventionsbereich ist die von Malik geforderte „systematische Müllabfuhr" (Malik 2006, S. 359) ein unbedingt probates Mittel und Kriterium des Handelns.

Auch kann hier wiederum das schon erwähnte „Oakhamsche Rasiermesser" zum Einsatz kommen und sehr nützlich sein, um ein komplexitätsreduzierendes Handeln zu leiten. Also: Was du auf ein Papier bringen kannst, bringe nicht auf zwei oder drei!

Der Interventionspunkt liegt im Interventionsbereich und ist derjenige Punkt, an dem ein Handeln im Sinne einer Reduktion noch leicht und ohne allzu große Aufwendungen möglich ist und bei relativ moderater Intervention doch ein großer Effekt in der Reduktion von Komplexität zu bewirken ist. Eine ausbleibende Intervention macht ein in der Verzögerung verspätetes Handeln immer schwieriger und ist dann auch häufig bei großen Aufwendungen nicht mehr effektiv.

Nach Malik ist es eine der wesentlichsten Aufgaben, Ergebnisse zu erzielen. (vgl. Malik 2006, S. 84) Es muss somit Aufgabe sein, alles auszuschließen, was das Erzielen guter Ergebnisse erschwert und behindert. Eine Kernaufgabe für das Management ist es, immer wieder auf die größtmögliche Vereinfachung aller Strukturen und Prozesse in Ausrichtung auf die Effektivität im jeweiligen Kernprozessgeschehen einer Organisation oder eines Betriebes herzustellen. Das setzt beim

Management eine Bewusstheit für die Problematik der Komplexitätsentwicklung und seine hinderliche Wirkung voraus. Immer wieder geht es darum, um hier das Bild eines großen Flusses mit seinen vielen kleineren Zuflüssen zu gebrauchen, die Zuflüsse auf den Hauptstrom hinzuführen und Abweichungen der Verästelungen zu unterbinden.

Manager, die über die Fähigkeit zur Kernprozesssteuerung unter Reduzierung von Komplexität verfügen, unterliegen häufig einer bestimmten Typologie. Wir haben das weiter oben unter Anlehnung an K. Horney bereits ausgeführt und ergänzen dieses Bild hier.

Nicht jeder Manager verfügt über das notwendige Maß an Bewusstheit und Sensibilität, das zur Steuerung komplexer Strukturen und Prozesse notwendig ist. Typisierungen sind hilfreich, um das Spektrum des möglichen Verhaltens der Manager zu erfassen und sie sind durchaus üblich. Zu finden u. a., bei P. Pitcher und Kets de Vries.

Man kann den Typ Manager in seinem Verhältnis zur Problematik der zunehmenden Komplexität in drei Gruppen unterteilen, die eine Grundhaltung beschreiben:

1. Den komplexitätsbewussten Manager, der das Problem und die Bedeutung sieht und sich der Bearbeitung stellt
2. Den unbewussten Typ, der das Problem nicht erkennen kann oder will und der in aller Regel nur an den Auswirkungen leidet
3. Den neutralen Typ, der das Problem möglicherweise zwar erkennt oder erahnt, aber eher sehr zurückhaltend oder gar nicht handelt.

In diesen Gruppen gibt es unserer Einschätzung nach noch einmal eine Unterscheidung in wesensmäßige Typen, die sich in ihrem Beziehungsverhalten unterscheiden. In Entsprechung zum Modell von Schulz von Thun (vgl. Schulz von Thun 1996) unterscheiden wir hier den in seinem Beziehungsverhalten auf Nähe oder Distanz und auf Dauer oder Wechsel angelegten Typ. Der „Nähe Typ" ist als Manager immer und beständig ganz dicht im Kontakt zu vielen Mitarbeitern. Er kann nicht allein sein und braucht die Nähe anderer, um überhaupt in der Arbeit anzukommen. Der Distanz Typ ist das genaue Gegenteil, er hält zu Kollegen und Mitarbeitern in aller Regel eine Distanz, die durchaus nicht mit Unfreundlichkeit gleichzusetzen ist. Er bleibt aber eher sachlich und bedächtig in seiner Kontaktaufnahme. Der Wechsel Typ ist derjenige, der für das höchste Maß an Unsicherheit zu sorgen scheint. Er wechselt den Kontakt schnell und häufig und ist daher eher in den sozialen Kontakten unzuverlässig.

In Bezug auf die Beherrschung von Komplexität ist es der unentschlossene, indifferente, in seiner Persönlichkeit nicht integrierte und von daher im Umgang mit Macht, Einfluss und Geltung eher neurotisch geleitete Typ des Managers, der komplexe Strukturen und Prozesse eher fördert denn einschränkt. Kommt zu dieser Psychostruktur noch ein Kommunikationsverhalten in der Form von Nähe und Wechsel (d. h. das höchste Maß von Aktionismus und Unzuverlässigkeit) hinzu, haben wir die in der Person des Managers angelegten besten Bedingungen, die eine Zunahme und Unreguliertheit von Komplexität zur Folge hat. Er besetzt Themen schnell und mit hoher Intensität, bindet Mitarbeiter in den Themen, um diese Themen dann ebenso schnell zu verlassen und zum nächsten zu wechseln. Dabei besetzt er das von ihm gerade favorisierte Thema ganz und setzt es in seinem Machtinteresse gegen andere und gegen Bedenken durch. Positiv gewendet ist dieser Typ handlungsaktiv und durchsetzungsstark. Gleichzeitig ist er aber auch unsensibel und wenig aufmerksam für sein Handeln und die Wirkungen. In der Art dieses Aktionismus ist es dieser Managertyp, der im Interventionsbereich nicht aktiv wird und den Interventionspunkt zur Reduktion verpasst, bzw. diesen gar nicht sieht oder nichts von dieser Handlungsmöglichkeit weiß. Wir haben diesen Typ oben als den Typ A beschrieben.

Es gibt aber auch, den Manager vom Typ B, der Komplexität beherrscht und reduzieren kann. In aller Regel ist dieser Manager in seiner Persönlichkeit integriert, d. h. er kann seine Macht oder Geltungsinteressen realistisch leben und bemessen, benützt sie nicht zur Kompensation von Persönlichkeitsdefiziten. Er sieht das Problem der Komplexität in seinen systemischen Bedingtheiten und ist in dieser Beziehung lösungskompetent. Zudem ist er in seinem Kommunikations- und Beziehungsverhalten eher auf Dauer und Distanz angelegt. So bleibt er als Person verlässlich erkennbar und besetzt Themen, die er aufnimmt, dauerhaft und zuverlässig. Er konzentriert sich auf das Wesentliche und bedenkt in seinem Handeln immer die Bedeutung des Kernprozesses. Es ist dies der Typ des Managers, der Komplexität erkennt und wirksam eindämmen kann.

Es wird also deutlich, dass unter der schon schlussgefolgerten Verantwortung des Managements für den Umgang mit Komplexität es unterschiedliche Handlungstypen von Managern gibt, die entweder komplexitätssteigernd oder aber komplexitätsreduzierend agieren und wirken.

▶ Komplexe Strukturen regenerieren sich durch ihre eigene Zerstörung mittels der Energien, die sie hervorgebracht haben.

4.2 Beispiele

Wir wollen diese dritte Schlussfolgerung im Folgenden an vier praktischen Beispielen aus dem Gestaltungs- und Verantwortungsbereich von Managern in der Sozialwirtschaft darstellen.

Es sind dies das Organigramm, das wesentlich die Aufbauorganisation einer Organisation abbildet und ein wesentliches Strukturmerkmal der Gestaltungsmacht aber auch der Gestaltungsverantwortung des Managements ist. Weiter das Qualitätsmanagement als Form der Steuerung und Gestaltung der Prozesse in der Organisation, das Controlling als betriebswirtschaftliches Steuerungsinstrument und die Gestaltung der Besprechungsebenen als Ausdruck der betrieblichen Kommunikation und des Informationsflusses.

a. Die Abbildung der Aufbauorganisation im Organigramm

Im Organigramm wird die Aufbauorganisation einer Organisation oder eines Betriebes dargestellt. Wer steht wo in der betrieblichen Ordnung, wer oder welche Abteilung ist wem untergeordnet oder übergeordnet. Das Organigramm ist Teil eines Managementsystems. „Unter einem Managementsystem kann man mit Wild (1986) die Gesamtheit des Instrumentariums, der Regeln, Institutionen und Prozesse verstehen, mit denen Managementfunktionen erfüllt werden. Entsprechend lassen sich als wichtige Bestandteile eines solchen Managementsystems unterscheiden:

1) Das Planungssystem, 2) das Kontrollsystem, 3) das Organisationssystem, 4) das Informationssystem, 5) das Personal (Führungssystem)" (Schierenbeck 1993, S. 99)

Es gilt als allgemein anerkannt, dass sich in der Art des Organigramms immer Art und Ausprägung der funktionalen Differenzierung einer Organisation ablesen lässt und es gilt: je klarer und einfacher desto besser.

In der Organisation, die oben dem eher komplexitätsfördernden Typ A zugeordnet ist, finden wir ein Organigramm, das vertikal und horizontal vielfach verzweigt und verästelt ist und insgesamt schon in der Anschauung auf den ersten Blick nur schwer zu verstehen ist.

Das Organigramm wird beständig verändert, weil es der schnellen, gerade auch durch den Handlungstyp des Managers geprägten Veränderung der Organisation folgt. Es drückt nicht aus, was in der besten Weise geeignet ist, sondern was sich aus der inneren Bewegung der leitenden Menschen gerade ergibt. Im Organigramm schlägt sich somit das komplizierte Denken der oder des Menschen und ihrer Beziehungen in der Organisation eher wieder als dass es beschreibt, wie die Organisation am sinnvollsten aufgebaut sein sollte. Häufig ist hier schon die bloße Ansicht so verwirrend, dass es völlig unklar bleibt, wie der Aufbau der Organisation ist. Häufig geschieht es, dass das Organigramm umgeschrieben werden muss, weil es durch das sprunghafte und wechselnde agieren des leitenden Managements zu beständigen Veränderungen im Aufbau der Organisation kommt.

Ganz anders ist es im Organigramm, das der Typ B Manager entwickelt. Hier sind die Bezüge und Verbindungen klar erkennbar, der Aufbau ist einfach und logisch. Ein erster Blick lässt erkennen, wie diese Organisation aufgebaut und strukturiert ist. In aller Regel hat das Organigramm über einen längeren Zeitraum Bestand, weil die Organisation durch das klare und berechenbare Denken und Handeln des Managements stabil bleibt.

b. Das Qualitätsmanagement

Im Qualitätsmanagement werden die betrieblichen Prozesse geordnet, in ihrer besten Weise nachvollziehbar beschrieben und überprüfbar gemacht. Die Ordnungsform und die Ordnungslogik sind auch hier, wie im Falle des Organigramms, Ausdruck der Art des Managements.

Das QM kann ein ideales Mittel zur Reduktion von Komplexität sein, es kann sich aber auch extrem ausweiten. Beides hängt immer davon ab, welcher Typ eines Managers das QM entwickelt und steuert.

Der Typ A Manager bildet im QM nicht seinen Willen der Klärung der betrieblichen Prozesse ab, sondern er überlässt das QM sich selbst und seinen Strategen.

Das sind in aller Wege Vertreter der Stabsstellen, die natürlich ein großes Interesse am Erhalt ihrer Stelle haben. Darum versuchen sie selbstverständlich die QM Systematik auszuweiten, in ihrer Bedeutsamkeit zu erhöhen. Der Typ A Manager überlässt der Qualitätsmanagement Beauftragten die Entwicklung und Gestaltung des Systems. Er selbst reguliert und bestimmt es nicht. So wächst in der Regel das QM-System neben den organisatorischen Abläufen parallel und weitet sich aus. Der Typ A Manager sieht in aller Regel, was sich da wirklich real ereignet. Er steuert nicht und greift nicht ein. Er lässt der unbestimmten Bewegung des QM seinen Lauf, mit der Folge der zunehmenden Verregelung der Gesamtorganisation und der Zunahme von Komplexität in den organisatorischen Abläufen.

Der Typ B Manager geht hier ganz anders vor. Er hat eine sehr klare Vorstellung von dem was Qualitätsmanagement leisten soll im Sinne einer leistungsstärkenden Kernprozessorientierung. Er lässt die Qualitätsmanagementbeauftragte im Sinne dieser Orientierung arbeiten und kontrolliert dies direkt. Er nutzt das QM zur Effizienzsteigerung, schließt aus, konzentriert und fokussiert das QM auf das wirkliche Kerngeschäft. Die Folge wird eine wirklich zielgerichtete Qualitätssteigerung sein. Somit kann der Typ B Manager das QM im Interesse der Sache der Qualitätssteigerung einsetzen, weil er es nicht für seine persönlichen Interessen braucht. Sein Ego ist nicht daran gebunden. Er bleibt auch beim Thema, wechselt nicht sprunghaft von einem Thema zum anderen und legt Wert auf die Kontrolle der Effizienz des Qualitätsmanagements. Er arbeitet in engem Kontakt zur Qualitätsbeauftragten. Als integrierte Persönlichkeit sieht er den Gesamtrahmen in Bezug auf das Kerngeschäft und kann das QM mit Vernunft einsetzen.

c. Kommunikationsstrukturen

Auch in den Kommunikationsstrukturen großer Organisationen lässt sich der Zusammenhang zwischen der Persönlichkeit des Managers und der Komplexität der Strukturen nachweisen. Betriebliche Kommunikation bestimmt wesentlich das Leben und die Prozesse sozialer Dienstleistungsorganisationen. „Die Qualität betrieblicher Informationssysteme ist in der Realität dadurch gekennzeichnet, inwieweit es gelingt, Informationsangebot, -nachfrage und Informationsbedarf zur Deckung zu bringen." (Schierenbeck 1993, S.130)

Wer wann mit wem wie oft über was kommuniziert macht aus, wie effizient Prozesse einer Organisation sind und wie der Kommunikationsfluss in den Ordnungen fließt. Organisatoren leben von der Kommunikation ihrer Mitglieder. Diese Kommunikation muss einen nicht regulierten und lebendigen Teil haben. Es bedarf aber auch einer sinnvollen Ordnung. Auch hier geht es darum: je klarer die Ordnung in einfachen Strukturen, desto weniger Komplexität.

Der Typ B Manager sorgt in erster Linie für eine gute Gesprächskultur. Diese ist von Respekt und Achtung getragen. In der Folge sorgt er für eindeutige Gesprächstermine, dass er Sitzungen, geplant, kurz und gut vorbereitet und im Ablauf strukturiert durchführt, sind verbindliche Durchführungszuordnung bestimmt und Ergebnisse durch Kontrollen sichert.

Es werden wenige aber notwendige Besprechungen durchgeführt, die gut vorbereitet, straff und kurz, durchgeführt und ergebnis- und handlungsorientiert gestaltet sind.

Der Typ B Manager hat in seiner integrierten Art die Fähigkeit zu kommunizieren, in dem er die Dinge auf das Notwendige reduziert, bei einem Thema bleibt und nachhaltige Wirkung erzeugen wird.

Der Typ A Manager lässt viele Besprechungen durchführen zu jedem sich bietenden Thema. Meist ungeordnet, unvorbereitet und ergebnisoffen gestaltet. Er lässt es schlichtweg laufen, ist hier und da und legt den Augenmerk nicht auf nachhaltige Wirkung von Besprechungen. Somit gibt es viele ungeordnete Besprechungen mit wechselnden Themen und in aller Regel einer sehr schwachen Umsetzungsdynamik. So kann es kommen, dass Mitarbeiter in Organisationen mehr in Besprechungen sind als dass sie dem eigentlichem Kerngeschäft nachgehen. So geartete Kommunikationsstrukturen tragen selten zu einer Ordnung von Komplexität sondern eher zu einer Steigerung bei.

d. Controlling

Controlling ist ein integratives Instrument der Unternehmenssteuerung. „Mit dem System der hierarchischen Unternehmensplanung auf das Engste verbunden ist das Konzept des Controllings. Es ist nachgerade Ausdruck des Bemühens, das beschriebene Gegenstromverfahren systematisch zu vervollkommnen und den beteiligten Instanzen Instrumente und Informationen an die Hand zu geben, damit diese ihre Rolle in dem komplexen Managementsystem zielorientiert wahrnehmen können." (Schierenbeck 1993, S.114)

Auch im Bereich des Controllings zeigt sich die hohe Bedeutung des Managementverhaltens auf die Zu- oder Abnahme von Komplexität. Der Typ A Manager lässt Kennzahlen produzieren ohne daraus Konsequenzen zu ziehen. Eine Ausweitung mit immer größerer Differenziertheit und Tiefe des Zahlenwerkes folgt der anderen ohne dass aus den Controlling-Daten Konsequenzen für das Handeln entstünden. Die Erhebung der Kennzahlen und die Bearbeitung in den Controlling-Abteilungen erfordern dabei immer höhere Zeitaufwendungen, die daraus resultierenden Handlungen stehen selten in einem vernünftigen Verhältnis zur konkreten Handlung und nachfolgenden Ergebnissen. Der Manager fordert immer differenziertere Daten aus immer mehr differenzierten Bereichen zum Erreichen einer optimierten Transparenz und somit verbesserten Steuerungsfähigkeit der Prozesse. Dabei verliert er häufig aus dem Auge, auf welches Ziel hin er die ausdifferenzierten Controlling-Daten in Verwendung und Wirksamkeit entfalten soll. Für diesen Titel gilt was Schiebel als typisch für Organisationen der Sozialwirtschaft beschrieben hat, nämlich: „Arbeit mit vielen Kennzahlen ohne Konsequenzen"

Der Typ B Manager handelt im Controlling nach der Maxime des Ohkhamschen Rasiermessers: was du mit einem Satz sagen kannst, brauchst du nicht mit dreien sagen. Er ist integriert in der Person und sieht damit die Zusammenhänge der Dinge. Es geht ihm nicht um den persönlichen Nutzen sondern um das Ergebnis, der Wirksamkeit des Controllings des Betriebs. Er ist in der Lage, das Wesentliche zu sehen und vom Unwesentlichen zu trennen und konzentriert das Controlling auf diese Prozesse. Kennzahlen sind dabei immer handlungsorientiert ausgerichtet und wirksam gesteuert. Er hat das System im Blick und weiß genau welche Daten er zur Systemsteuerung wirklich benötigt. Der Typ B Manager arbeitet nach der Maxime, die notwendigen Steuerungsdaten sollten auf ein Blatt Papier passen. Sein Controlling ist knapp organisiert und auf Effizienz ausgerichtet, es bindet Arbeitskräfte in der Erhebung der Daten nicht unnötig und nur soweit wie es wirklich notwendig ist. Er ist komplexitätssensibel und interveniert rechtzeitig am rechten Punkt. Das bedeutet, er reduziert Zahlenwerke und Zahlenmaterial, dann wenn sie zur Erhellung, Klärung in ihrer Menge und Qualität nicht mehr wirksam sein können. Sein Berichtswesen ist kurz und knapp und auf Effizienz ausgerichtet. Er unterbindet weitere Ausdifferenzierung von Zahlenwerken, die von der Mitte d. h. vom Kerngeschäft abweichen, rechtzeitig.

▶   Da alle Entwicklung hin zur Komplexität drängt, erfordert Führung immer wieder den Weg hin zur größtmöglichen Vereinfachung.

Literatur

Bechtel, P., Friedrich, D., & Kerres, A. (2010). *Mitarbeitermotivation ist Lernbar.* Berlin: Springer.

Elias, N. (1979). *Über den Prozess der Zivilisation. Soziogenetische und psychogenetische Untersuchungen* (Bd. 2). Berlin: Suhrkamp.

Malik, F. (2006). *Führen – Leisten – Leben. Wirksames Management für eine neue Zeit.* Frankfurt: Campus.

Rosenbaum, M. C. (2003). *Proaktives Krisenmanagement.* Tagungsband. Krisen und Insolvenzen. Vom Nutzen von Visionen und Leitbildern. Mainz.

Schierenbeck, H. (1993). *Grundzüge der Betriebswirtschaftslehre.* München: Oldenbourg.

Schulz von Thun, F. (1996). *Miteinander reden, Störungen und Klärungen* (Bd. 2). Reinbeck: Rowohlt.

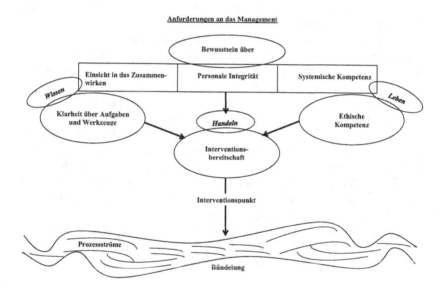

5.1 Interventionsbereitschaft

Die Anforderungen an das Management unter den besonderen Bedingungen einer zunehmenden Komplexität führen von den bisherigen zwei Schlussfolgerungen zu einer weiteren dritten Schlussfolgerung. Diese besagt, dass die Handlungsweise des Managements von zentraler Bedeutung ist, wenn es um die Reduktion und den kontrollierten Umgang mit dem Problem der Komplexität geht und dass diese Handlungsweise stark vom Persönlichkeitstyp abhängt.

T. Behr, *Komplexitätsbewältigung in Betrieben der Sozialwirtschaft*,
DOI 10.1007/978-3-658-05670-4_5, © Springer Fachmedien Wiesbaden 2014

Wir leiten aus dieser Schlussfolgerung grundlegende Anforderungen an das Management in den Betrieben der Sozialwirtschaft ab. Diese Anforderungen werden hier in aller Kürze und angemessenen Klarheit dargestellt, um nicht bei der Bearbeitung des Themas Komplexität schlussendlich komplex zu argumentieren. Also, was braucht es und was ist an das Management unabdingbar notwendig in sachlicher und personeller Hinsicht zu fordern.

Damit betriebliche Komplexität wirksam bearbeitet werden kann, muss sie als solche richtig identifiziert, sinnvoll genutzt und beherrscht werden. Generell sollten die sichtbaren Gründe für die Entstehung von Komplexität, die wir in der beschriebenen Ökonomisierung, Verrechtlichung und Bürokratisierung des Sozialbereiches beschrieben haben, klar sein. Es sollten dann die, diesem Prozess der Begründung von Komplexität innewohnenden, tieferen Antriebe zur Entwicklung von Komplexität bewusst sein. Komplexität entwickelt sich notwendig aus der funktionellen Ausdifferenzierung und dem Interagieren der Menschen. Wir haben dies oben ausgeführt. So gesehen ist Komplexität zunächst immer Ausdruck von Arbeit, Kreativität und Einsatz und somit das Ergebnis von positiven Arbeitsenergien, die es durchaus zuzulassen gilt, will man Entwicklung und Fortschritt in einem Unternehmen platzieren. Zum Problem wird Komplexität erst, wenn sie sich unreguliert auswachsen kann und nicht an entscheidenden Punkten gebremst und eingedämmt wird. Damit die funktionale Ausdifferenzierung und die in der Folge entstehende Komplexität als positive betriebliche Energie genutzt werden kann, bedarf es somit der Regulierung. Einzig das Management ist dafür verantwortlich und muss dazu in der Lage sein. Entscheidend ist es, dass das Management eine Sensibilität für den Interventionspunkt zur Regulierung besitzt und sich erwirbt. Dies ist die Voraussetzung zu einem Managementhandeln, das Möglichkeiten und Chancen zur Komplexitätsreduktion in der Auslegung bzw. formalen Gestaltung von rechtlichen, ökonomischen und formalen Vorgaben erkennt und nutzt.

Schaubild Intervention

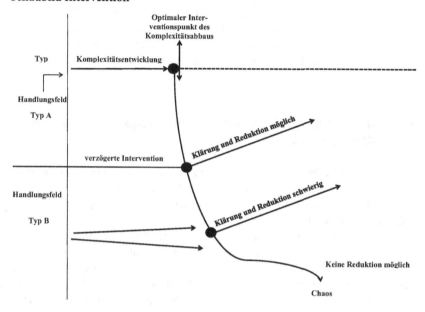

Damit das Management durch das richtige Einwirken am Interventionspunkt die Komplexität nutzbringend steuern und beherrschen kann (indem es immer wieder auf Phasen der Weitung eine Engführung herbeiführt – Pumpeffekt) muss es im besten Falle einfache aber wirksame Anforderungen erfüllen.

5.2 Komplexitätssensibilität und Bewusstheit

Zunächst ist es unabdingbar für ein wirksames Management, eine Sensibilität und Bewusstheit für das Problem der zunehmenden Komplexität zu haben und zu entwickeln. Hierzu sollte, wie weiter oben begründet ausgeführt, die Ursache der Komplexitätsentwicklung in seinen drei Bausteinen und dem Zusammenwirken der Bausteine klar sein. D. h. der Anteil des ungebremsten Zusammenwirkens menschlicher Handlungen mit den möglicherweise ungewollten Folgen, in Verbindung mit den neurotischen menschlichen Antriebsmomenten der handelnden Menschen sowie die Systematik der Systeme in ihrer Selbstreferenz und funktionalen Ausdifferenzierung sollte bekannt sein. Nur mit diesem Hintergrund ist es der Leitungskraft/dem Management möglich, das betriebliche Geschehen kritisch zu betrachten und in Orientierung auf den Kernprozess (das Kerngeschäft) interventionspunktsensibel und Komplexität reduzierend zu steuern.

Dieser Anforderungsbereich umfasst also einen Kenntnisaspekt genauso wie den Aspekt der persönlichen Selbstwahrnehmungsbereitschaft.

5.3 Klarheit der Aufgaben und Werkzeuge erfolgreichen Managements

Das effektive Agieren am Interventionspunkt wie auch die generelle Steuerungs- und Handlungsfähigkeit des Managements sind entscheidend davon abhängig, ob und wie klar die Aufgaben sind und die sachgerechten Werkzeuge zum Handeln bekannt und geübt sind.

Dieser Zusammenhang wurde gut und überzeugend von Malik dargestellt. (Malik 2006, S. 173) Malik nennt, ausgehend von der Klarheit der Leitungsverantwortung und der Fähigkeit zur Kommunikation folgende Punkte als zentrale Aufgaben: für Ziele sorgen, organisieren, entscheiden, kontrollieren/messen/beurteilen und fördern von Menschen. Diese Aufgaben sind mit folgenden Werkzeugen zu erfüllen: Sitzungen, schriftliche Kommunikation, Job design, Arbeitsmethodik, Budget, Leistungsbeurteilung, systematische Müllabfuhr. (Malik 2006, S. 339) Je klarer dem Management die (überschaubaren) Aufgabenbereiche und die zu Erfüllung der Aufgaben notwendigen Werkzeuge geübt und sicher sind, desto sicherer kann man davon ausgehen, dass die Ausrichtung zum kontrollierenden Umgang der Komplexität beitragen wird. Gerade der aufgeführte Werkzeugaspekt der systematischen Müllabfuhr wird dazu führen, immer wieder zu überprüfen, was man wirklich benötigt an Dokumenten oder Prozessen und was überflüssig geworden ist.

5.4 Systemische Kompetenz

Damit das Management die Funktionsweise und die Bewegungen in der Organisation und seiner Fachabteilungen, aber auch das Verhalten von Dienstleistern und Ämtern verstehen kann, sollte es über ein systemisches Grundwissen verfügen. Die Grundtendenz von Systemen zur Selbstreferenz und zur funktionalen Ausdifferenzierung müssen in ihrer Systematik klar und bekannt sein, um zu verstehen, wie Organisationen, Betriebe und Abteilungen vom Grundsatz her „ticken" und wo es letztlich für das Management die Möglichkeiten der Einflussnahme gibt.

5.5 Ethische Ausrichtung

Ein weiterer Baustein ist die ethische Ausrichtung des Managementhandelns. Gerade die Intervention zur Reduktion von Komplexität erfordert nicht selten die Auseinandersetzung mit Mitarbeitern und den ihnen persönlich sehr wichtigen Arbeiten und Anliegen. Hier einzugreifen, z. B. die Aufgabe eines Projektes oder das Verwerfen eines für überflüssig erkannten Dokuments, erfordern vom Management die Bereitschaft und Fähigkeit zum entschiedenen Handeln, aber auch zu vermitteltem und erkennbarem Respekt, Achtung und Wertschätzung des Menschen, obgleich ein Arbeitsprodukt nicht weiter berücksichtigt und verworfen werden muss. Natürlich ist dies in besonderer Weise gegeben, wenn ein Personalabbau, eine Reduzierung von Stellenanteilen oder eine geringwertigere Funktionszuweisung mit dem Abbau von Komplexität verbunden ist. Der Benediktiner Pater Anselm Grün, der ein sehr gefragter Berater von Managern ist, weist auf die Bedeutung der menschlichen Reife, der Erfahrung der Bescheidenheit, der Demut, der Gerechtigkeit, der Unaufgeregtheit, der Sparsamkeit und der Klarheit und damit wichtige und essentielle Voraussetzung guter Führung hin. (vgl. Grün 2001, S. 13 ff.) Dass dieser Bereich aktuell von immer wichtigerer Bedeutung ist, beweist ein Artikel in der Wochenzeitung „DIE ZEIT" in der es in einem Artikel mit der Überschrift „Moralapostel" um den ethischen Nachholbedarf deutscher Großunternehmen geht. Ein bei Porsche Consulting zum Vortrag bei führenden Managern eingeladener Jesuiten Pfarrer wird dort wie folgt zitiert: „Die Prämisse des Michael Bordt lautet: nur wer sich selbst versteht, kann andere verstehen. Nur wer sich selbst beherrscht, kann seinen Job beherrschen. Wer das Zustandekommen eigener Entscheidungen nicht durchschaut, wer seinen Anwandlungen und unerkannten Strömungen ausgesetzt ist, dessen Weg ist instabil. Und er macht Fehler. Mitunter schwere. (Finger et al. 2014, S. 19) Man mag anfügen: dem gelingt auch die ethisch fundierte Beherrschung von Komplexität nicht.

5.6 Persönliche personale Integrität

Von besonderer Bedeutung ist die persönliche, personale Integriertheit des Managements. Im Grunde steht sie im Kern der Bausteine Wissen, Werkzeuge und Ethik, die wir als Handlungsbedingungen für eine wirksame Interventionsbereitschaft zur Komplexitätsreduktion benannt haben. Die personelle Integriertheit der Menschen in Managementfunktionen bewirkt, dass Aufgaben und Handlungen immer um der Sache willen und nicht zur Befriedigung persönlicher Defizite oder Geltungsgelüste erfüllt werden, wie das häufig bei Managern der Fall ist, die ihre Macht benutzen, um persönliche Störungen zu kompensieren.

Die personelle Integriertheit erfordert eine bewusste Auseinandersetzung des Managers mit der eigenen Persönlichkeit, den Handlungsantrieben und der Frage, warum man diese Funktion erfüllt und wie man es macht. Und es erfordert ganz wesentlich die Bereitschaft zur persönlichen Veränderung. Nur so lässt sich das vermeiden, was durch Kets de Vries als so hinderlich für gesunde Organisationen beschrieben wurde.

▶ In Bezug auf die Reduktion von Komplexität gilt, dass die Leidenszone Therapiezone ist. Erst wo das Leiden unausweichlich ist, beginnt der Wille zur Veränderung.

Literatur

Finger, E., Jungblut, R., & Rückert, S. (2014). Die Moralapostel. *DIE ZEIT, 3.*
Grün, A. (2001). *Menschen führen, Leben wecken.* Münsterschwarzach: Vier Türme.
Malik, F. (2006). *Führen – Leisten – Leben. Wirksames Management für eine neue Zeit.* Frankfurt: Campus.

Schlussbetrachtung

6

Ausgehend von der Frage, welche Voraussetzungen das Management in Betrieben der Sozialwirtschaft/Altenheime erfüllen muss, damit es zu einer wirksamen Beherrschung von Komplexität und zu einer planmäßigen Reduzierung von komplexitätssteigernden Tendenzen kommen kann, haben wir zunächst an Beispielen das Problem der zunehmenden Komplexität beschrieben. Auf Grund der Beispiele sind wir zu Vermutungen über die Entstehung von Komplexität gelangt, aus denen wir Schlussfolgerungen abgeleitet haben.

Vermutung 1. Komplexität entsteht durch das ungeordnete Ineinanderwirken menschlicher Handlungen.

Vermutung 2. Komplexität entsteht durch das Agieren von, in ihrer Persönlichkeit nicht integrierten Funktionsträgern.

Vermutung 3. Komplexität entsteht durch systemische Dynamik, speziell durch die funktionale Ausdifferenzierung in Systemen.

Über die Schlussfolgerungen sind wir am Ende zur Formulierung von Anforderungen an das Management von Sozialbetrieben gekommen.

Schlussfolgerung 1. Das Zusammenwirken der drei Vermutungen bewirkt die nachhaltige Komplexitätsentwicklung.

Schlussfolgerung 2. Es gibt die Möglichkeit zur Eindämmung und Regulierung von Komplexität am Interventionspunkt.

Schlussfolgerung 3. Das Handeln des Managements i. B. auf Komplexitätsbeherrschung ist unzureichend

T. Behr, *Komplexitätsbewältigung in Betrieben der Sozialwirtschaft,*
DOI 10.1007/978-3-658-05670-4_6, © Springer Fachmedien Wiesbaden 2014

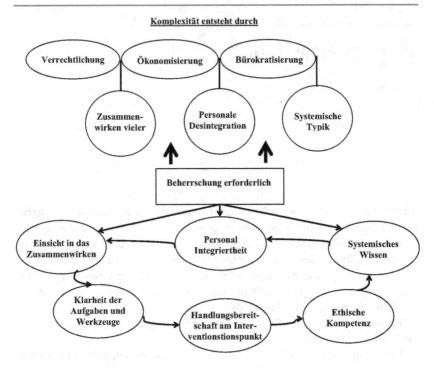

Diese Anforderungen sind einfach und klar. In der Mitte der fünf Anforderungen, die notwendig zu erfüllen sind, will das Management in der Lage sein, zeitig und wirksam am günstigsten Interventionspunkt einzugreifen, um der Ausbreitung komplexer Strukturen und Prozesse Einhalt zu bieten und im Gegenteil, über die Beherrschung von Komplexitätstendenzen, dies immer wieder als positive Entwicklungsenergie nutzen zu können, steht der Manager mit seiner Person und der Frage der persönlichen Integriertheit.

Wir haben versucht zu zeigen, dass nicht – integrierte Personen im Management für die Ausweitung von Komplexität im hohen Maße verantwortlich sind. Sie sind auf Grund ihrer Persönlichkeitsstruktur darum auch selten in der Lage, Komplexität wirksam abzubauen.

Am Ende bleibt zu sagen: Komplexität in den Betrieben der Sozialwirtschaft ist wirksam zu beherrschen und sogar effektiv zu nutzen, wenn das Management ein Wissen über die Entstehung von Komplexität, eine Klarheit über Aufgaben und Werkzeuge des Managements, eine ethische Grundausrichtung und eine personale

Integriertheit handlungsaktiv, kernprozessorientiert auf den Interventionspunkt hin zur Reduktion ausrichten kann.

Wissen über die Entstehung von Komplexität (vgl Reuschenberg 2008, S. 37), eine Klarheit über Aufgaben und Werkzeuge des Managements, eine ethische Grundausrichtung und eine personale Integriertheit handlungsaktiv, kernprozessorientiert auf den Interventionspunkt hin zur Reduktion ausrichten kann.

Leider müssen wir in der Praxis der Betriebe konstatieren, dass zu wenige Manager diese Anforderungen erfüllen und so in Funktion und Person für eine sich ausweitende Komplexität verursachend mitverantwortlich sind.

▶ Komplexität will nur derjenige wirksam reduzieren, der an ihr leidet und darum nicht die Ergebnisse erzielen kann, die er erzielen will.

Literatur

Reuschenberg, B. (2008). *Einfluss von Expertise auf Problemlösen und Planen im komplexen Handlungsfeld Pflege*. Berlin: Logos Verlag.